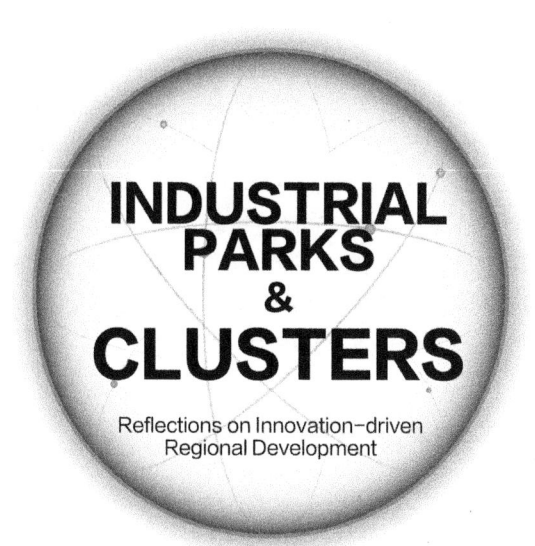

INDUSTRIAL PARKS & CLUSTERS

Reflections on Innovation-driven Regional Development

园区和集群

创新驱动区域发展之思

王缉慈 著
澎湃研究所 编

电子工业出版社
Publishing House of Electronics Industry
北京·BEIJING

内 容 简 介

纵观全球，产业园区的建设已经持续了半个多世纪，但不少园区因代价太大而失败或表现平庸。近二十年来，许多国家实施了创新集群政策，它也成为地方发展的热点议题。鉴于此，我国需要从单纯地建设工业园区过渡到以创新集群引领高质量发展。

本书收录了作者于 2021 年 3 月到 2023 年 4 月期间在澎湃新闻上发表的 27 篇专栏文章。这些文章不仅有对产业园区和创新集群的整体思考，也有对各类产业园区的深度调研与追踪，还为产业园区的升级和创新集群的培育提供了有针对性的策略。

本书适合于从事集群政策研究和实践的政商界人士阅读，也可以作为应用经济、经济地理、创新管理与政策、产业和城市规划等相关领域的参考书。

未经许可，不得以任何方式复制或抄袭本书之部分或全部内容。
版权所有，侵权必究。

图书在版编目（CIP）数据

园区和集群：创新驱动区域发展之思 / 王缉慈著. —北京：电子工业出版社，2023.10
ISBN 978-7-121-46517-8

Ⅰ．①园… Ⅱ．①王… Ⅲ．①区域经济发展-研究-中国 Ⅳ．①F127

中国国家版本馆 CIP 数据核字（2023）第 195395 号

责任编辑：魏子钧（weizj@phei.com.cn）
印　　刷：北京虎彩文化传播有限公司
装　　订：北京虎彩文化传播有限公司
出版发行：电子工业出版社
　　　　　北京市海淀区万寿路 173 信箱　邮编：100036
开　　本：720×1000　1/16　印张：12　字数：211 千字
版　　次：2023 年 10 月第 1 版
印　　次：2024 年 4 月第 3 次印刷
定　　价：68.00 元

凡所购买电子工业出版社图书有缺损问题，请向购买书店调换。若书店售缺，请与本社发行部联系，联系及邮购电话：(010) 88254888，88258888。
质量投诉请发邮件至 zlts@phei.com.cn，盗版侵权举报请发邮件至 dbqq@phei.com.cn。
本书咨询联系方式：(010) 88254613。

序

　　本书是我近两年来对产业园区和创新集群进行思考而写成的一组文章的集锦。

　　园区和集群不同。有产业集群的地方不一定需要产业园区，建设了产业园区的地方不一定会发展产业集群，尤其不一定能形成创新集群。具有促进技术创新功能的产业集群才能被称为创新集群。一些园区内的企业仅因为共享基础设施和优惠政策而在地理位置上邻近，但在产业联系上可能存在障碍。创新集群可能在产业园区的基础上发展起来，但这需要数年甚至数十年之久。一些地方试图用建设产业园区的方式来发展创新集群，这是有风险的，园区投资须谨慎。有些集群是在园区中成长起来的，而有些园区又是在有集群的地方建立的，这种双向演进的现象在许多国家和地区都可以看到，但仍不能将园区和集群混为一谈。从理论渊源和发展历史上看，前者主要是外力驱动的结果，而后者是内力驱动的结果。园区是一种吸引投资和创造就业的政策手段；而创新集群应该是促进企业繁衍和创新的发动机。将"筑巢引凤"来促进经济增长的产业园区转化为创新集群并非易事。

　　我自1986年开始研究产业园区，于1986年在国际一级学术期刊 *Economic Geography* 上发表英文论文 *The Changing Industrial Geography of the Chinese Special Economic Zones*，于1990年开始探索创新驱动区域发展的研究方向并在北京大学开设研究生课程。我曾任国际地理联合会（IGU）经济空间动态委员会的中国执委多年，参与了关于地方发展的国际学术讨论，并参观了发达国家的一些园区。我曾在加拿大和澳大利亚访学并做产业园区和创新集群方面的专题研究。在《国家中长期科学和技术发展规划纲要（2006—2020年）》的前期研究中，我被科技部任命为区域科技组副组长，负责高新区和产业集群的研究。我主持过关于园区和集群的一些国家级研究项目和地方咨询项目。我主持的国家自然科学基金项目成果——《创新的空间》一书于2001年出版，引发了国内产

序

业集群研究的高潮。此外，自 2004 年至今，我组织并主持了 21 届"产业集群与区域发展"学术会议，在学术讨论的基础上提出了发展创新集群的政策建议。

中国的战略性新兴产业和传统制造业正面临着发达国家和发展中国家的双重竞争压力。产业升级为什么要选择创新集群之路？从建设工业园区到以创新集群引领高质量发展，是从依赖外资转向走创新驱动区域发展之路的飞跃。2021 年 3 月到 2023 年 4 月我在澎湃新闻上发表了 26 篇专栏文章，这些文章不仅有对产业园区和创新集群的整体思考，还有对各类产业园区的深度调研与发展趋势跟进，并为产业园区的升级和创新集群的培育提供了有针对性的策略。

开设专栏

我于 2011 年 3 月从北京大学退休，整整 10 年以后，应澎湃研究所全球智库栏目田春玲编辑的邀请，进入撰写专栏文章的工作状态。2021 年 2 月 22 日，她在微信上找到我，邀请我就产业园区方向开辟个人专栏。我当即回复："我年纪大了，精力严重不足。诸如上海五大新城这些事我看不大懂，倒是关心老城的事。今天早上东莞一个企业老板给我看他新厂房的视频，厂房在老城，不在园区里。"我把东莞鞋业的老郭与我的对话截屏给她看，我在问老郭招工、设备和技术范式的事情。田编辑说，她看过我 2016 年在科学出版社出版的《创新集群三十年探索之旅》。她说："我看后受益匪浅。您当时在书中讨论的问题，今天园区还在继续讨论。书里提出的很多问题还需要继续思考。"我说："确实问题很多，刚才我看了一下，你关于'新城计'的问题就值得探讨。为什么中国总是弃旧图新？其实很多创新就发生在老城里。可惜我探讨问题的精力越来越不够。"

她说，我可以根据目前中国园区的现状在已有研究成果的基础上进行再思考，写成每篇 3000 字左右的文章。在向她了解到澎湃新闻的主管单位是上海市报业集团后，我有些心动。2020 年 11 月，我分别在第 19 届"产业集群与区域发展"学术会议（专题会议）和 2020 北京视听产业园区会议做过两个发言。我把演讲稿给她看后，她说："这两篇讲稿内容很丰富，医药产业和视听产业都是当下多地非常关注的产业，转化为专栏文章就非常好。"她给了我全球智库栏目的链接。我看后觉得该板块文风比较活，写这种文章可能比写学术论文容易些，就初步答应了。

关于专栏名称，我建议"园区之X"。她想了"思、感、辨、虑"几个字供我参考，我选了"园区之思"，于是专栏名称就这样定下来了。关于更新频率，我说："不要给我定频率吧！否则有压力。我的书《探索产业区位》人民教育出版社正在编辑，还有工作要我做；北京大学城市与环境学院最近在编一本书，也要我参加。"她说："根据王老师的安排来敲定，没问题的。那么就等着王老师的第一篇专栏了。专栏开出来之后，我也会定期提醒王老师，更新专栏。"

2021年2月27日，我投了第一篇稿。田编辑告诉我，下周就安排刊发，并建议我在文末介绍下专栏定位和要解决的问题。于是我写道：本专栏以园区之思为主题，求索园区的初衷和未来。2021年3月1日，澎湃新闻刊登了我的第一篇文章《产业园区的创新驱动和内源式增长》。

鱼贯而出

此后，我天天都在琢磨写什么文章。3月5日，我写出第二篇文稿。3月8日，《产业园区未来发展的真正动力》刊出。在田编辑的鼓励下，我紧接着又把第三篇文章发给了她，并说："第三篇写得比较顺，但是也比较粗。这是草稿，先发给你看看。我放一两天再改改。这是针对产业链链长制遍地开花的误区的思考。但没敢正面提链长制这一词汇。前晚我刚好看到澎湃也发了一篇关于产业链的误区的文章。"3月15日，《园区发展离不开产业联系的构建》上线。此后，我与田编辑约定，每周一前将修改后的文章发给她，她来安排刊发。

于是，我进入了比较紧张的工作状态。夜里构思，清晨就写。第四篇是关于生物制药产业园区的，我有意从园区思考过渡到创新集群论述。我把第四篇文章发给田编辑之后说："清醒的时候，觉得文章中写漕河泾的地理尺度和前面写国外创新集群的地理尺度不对应，又改。请用新稿。谢谢！"3月22日，《试谈生物医药园区和培育创新集群问题》上线。田编辑说："您的这个思考方向非常重要。另外，您的这个专栏写一段时间以后，我们可以找出版社交流，可以再集结出版。您觉得如何？"当时，我考虑到自己已经75岁了，难以保证每周写一篇文章，就想着还是按照自己的节奏来推进。

准备收笔

从此，澎湃新闻每周发表一篇我的文章。这些文章谈及园区发展离不开产业联系的构建、产业区的地方特质和文化底蕴（以东莞大朗毛织产业为例）、建园区不能保证高质量发展（以乐器制造业为例）、视听产业园区要兼顾产品的内容创作和技术创新等。我对纺织服装产业比较熟悉，在关于大朗毛纺织产业的文章投稿前，征求了中国纺织工业联合会原副会长陈树津的意见。乐器产业是我感兴趣的领域，其中，手风琴的内容是我向著名手风琴演奏家姜杰老师了解的。我曾经跟着中国乐器协会一行去看过几个产业集群。曾与我合作研究乐器制造业的浙江师范大学教授朱华友在我写文章时为我提供了帮助；关于视听产业园区的那篇文章我在投稿前征求了三位业内人士（国家信息化专家咨询委员会专家杜百川、北京市广播电视局副局长孔建华和铜牛电影产业园董事长刘国宁）的意见，得到了肯定。

2022年4月20日，我随机械工业信息研究院先进制造发展研究所一行赴河北省邢台市的平乡县、广宗县和邯郸市的曲周县调研自行车行业集群，并参与河北"十四五"县域特色产业集群规划的讨论。接着，我在河南省长垣市参加了"中国起重机产业集群智慧发展峰会"。在出差的日子里，我写成了第八、九篇文章，分别以自行车行业为例讨论产业过度分散的问题，以及根据对冀南三县童车行业的调研，探讨产业集群合作行动的问题。我请华南师范大学副教授林涛、中南财经政法大学副教授梅丽霞、机械工业信息研究院先进制造发展研究所所长陈琛帮我出点子，并修改文章，补充对河北童车行业整合的建议。文章投稿前，平乡县副县长路阔为我补充了数据。我在河南省长垣市的会议上受到几位智能制造专家的演讲的启发，回京后写成了《关于制造业集群数字化转型的思考》一文，并于5月6日发表。这是我的第十篇文章。

这样写下去感觉身体太累，那时我手上还有其他工作，因此准备收笔。我对田编辑说："我的老本也吃得差不多了。"田编辑回复："好的，王老师随时有想法，都欢迎赐稿。后面我们关于园区和产业的讨论和课题，还望得到王老师的指导。"我补充道："总之，我的事情有点多。考虑身体，不能这样苦干了。我每篇文章都改过无数遍。"

当时，我做了总结：应澎湃新闻之约，自2021年3月以来我写了十篇文章，基本上在每周一或长假后第一天发表。这些文章的内容都是随机的，想到哪里写到哪里。前九篇尽量紧扣澎湃新闻给我的"园区之思"主题，第十篇则大胆地抛开了园区，去写制造业集群了。因为后面有其他工作，我决定收笔，希望这些文章能起到抛砖引玉的作用。

重拾纸笔

两个多月后，我为准备第 20 届"产业集群与区域发展"学术会议主旨发言又写了一篇文章。我投稿给田编辑，请她酌定能否接收。很快，这篇题为《中国多数园区不是集群，深化产业集群研究势在必行》的文章就在澎湃新闻上线了。从 2021 年年底到 2023 年年初，我写了十几篇文章投稿给澎湃新闻，包括《也谈"专精特新"》《关于"链长制"我有话说》《产业融合为什么很重要》等，并得以发表。其中，有些文章是在准备各类会议讲稿之前写的，为使听众能更好地理解演讲内容，我希望文章能在演讲前发表。这些会议分别是中国区域科学协会区域创新专业委员会学术会议、先进电池材料集群产业发展论坛、2021 中国"5G+工业互联网"赋能先进制造业集群融合发展专题会议、第十一届中国县域现代农业发展高层会议、2021"对话苏州·新制造"活动、苏州科技局 2022 年第二期"科技趋势"半月谈线上讲座、第十期东吴智库思享汇、2022 中国实体经济论坛等。

为扣紧这些会议的主题内容，我边学边写，得到了不少朋友的帮助。例如：深圳市清新电源研究院院长李宝华提出了精简文章的建议；武汉东湖高新区光电工业技术研究院杨浩给我提供了相关资料，纠正了文章中表达不确切的地方；河南大学教授李二玲在电话里与我讨论了她关于农业集群的研究等。《数字经济时代下的创新集群发展》是我写得最费劲的一篇。我读了关于 SaaS 的两本书，还求教于在 SaaS 界工作的外甥女汀兰。她说，硅谷的 SaaS 企业开始都是互为对方客户、打磨产品，然后发展周边企业作为客户，再发展到美国的其他大城市及欧洲、大洋洲等地的客户。她感慨道，没想到苏州有这么多 SaaS 企业，盖雅工厂、企查查、智慧牙都挺有名。这些软件企业有很多实体业务，应该容易发展起来。该文得到了她的肯定，并转给 SaaS 界的朋友看，让企业界了解创新集群。

序

《我心中的科学城》一文是"澎湃科技"栏目上线前的征稿。《关于"元宇宙"热潮下产业园区的冷思考》一文是在澎湃新闻记者王琳杰给我提出疑问的背景下,我浏览了一些网页,并请教了几位从事技术工作的亲友后写出来的。特别是专家杜百川看了我的文稿后,给了我底气:"写得挺好,(用户感觉到)头晕主要是因为汇聚-聚焦冲突(VAC),通过多焦面显示能解决一定的问题,但真正解决需要真三维显示技术,如彩色全息、体显示和光场显示。最近3GPP出了不少关于XR的报告和技术标准,都与此相关。"他还给了我8篇英文文献供参考。

在撰写《关于"链长制"我有话说》时,我与上海前滩新兴产业研究院(前滩综研)院长何万篷、广东省委党校教授岳芳敏、中央财经大学副教授王伟等人进行过交流。在撰写《日用消费品制造的专业市镇发展动向观察》一文时,我与扬州市杭集镇高新区领导张士余、深圳市钟表行业协会会长朱舜华、亚洲鞋业协会会长李鹏、东莞某鞋企老总郭小平等朋友进行过交流,宁波理工大学的马铭波博士帮我整理了详细的表格。在撰写《温州乐清电气产业集群升级问题刍议》的过程中,我得到了赛迪研究院规划研究所区域发展研究室主任侯彦全、浙江工商大学原校长张仁寿、温州市委党校教授朱康对的帮助。在撰写《谈谈产业集群与创新集群的区别》的过程中,中国国际发展知识中心的申秋博士帮我精炼了文稿。

在本书付梓之际,衷心感谢澎湃新闻编辑田春玲女士两年来辛勤的工作,感谢湖北省经信厅、深圳市清新电源研究院、苏州市政府、苏州大学、苏州科技大学、北京中农富通园艺公司等单位对我的会议邀请,如果没有这些会议的邀请,我不会写出这些论文。感谢诸多朋友对我的支持和帮助。本书各篇文章写作的随机性很强,水平有限,内容东鳞西爪,难成系统。本书将这些专栏文章分为两篇,上篇是从宏观视角对产业园区和创新集群的理解,下篇是从案例出发对创新驱动区域发展的思考。如果本书能对理解中国的产业园区和创新集群的发展起到一点促进作用,我就心满意足了。

王泽基

2023年4月25日

目 录

导论 /1

上篇　从宏观视角理解产业园区和创新集群 /9

中国多数园区不是集群，深化产业集群研究势在必行 /10
我心中的科学城 /16
产业园区的创新驱动和内源式增长 /19
园区发展离不开产业联系的构建 /24
关于"链长制"，我有话要说 /30
也谈"专精特新" /35
如何提升创新集群的韧性 /40
数字经济时代的创新集群发展 /45
为什么农业农村振兴需要产业集群理念 /51
产业融合为什么很重要 /57
谈谈产业园区和创新集群的区别 /63

下篇　从案例出发思考创新驱动区域发展 /69

产业园区发展的真正动力是什么——以坪山、缙云和阜南为例 /70
生物医药园区和培育创新集群的问题——以医疗器械产业为例 /76
产业区的地方特质和文化底蕴——以大朗镇毛织业为例 /83
斥巨资建园区未必能实现高质量发展——以乐器制造业为例 /90
视听产业园区要兼顾产品内容创作和技术创新 /98
企业进园未必能解决产业分散的难题——以自行车行业为例 /104
河北童车产业调研：合作是解决产业分散难题的关键 /111
关于制造业集群数字化转型的思考——以广东省为例 /117
从深圳市先进电池材料产业集群所想到的 /123

从创新集群的视角谈谈武汉光电子信息产业 /129

关于苏州新制造发展的思考 /135

全球价值链重构和新冠疫情蔓延风险下的产业创新集群——以苏州为例 /141

关于"元宇宙"热潮下产业园区的冷思考 /147

日用消费品制造专业市镇的发展动向观察 /153

温州乐清电气产业集群升级问题刍议 /162

中国和法国化妆品产业集群的对比思考 /168

附　录 /175

专访王缉慈：突破传统制造产业升级难点，"种好技术树"是关键 /175

跋 /181

导　　论

区域和地方发展是关系国家兴衰的永恒主题，涉及政治、经济、社会、文化等多个方面，非常复杂。我曾经在北京大学城市与环境学院开设一门研究生课程，从区域和地方的视角来讨论创新驱动发展的问题，带领学生们探讨相关的理论知识和实践案例。其中的一个关键问题是，如何理解从发达国家建设创新型区域的经验中提炼出来的产业集群理论及政策。

在我国，"产业集群"和"产业园区"这两个概念经常缠绕在一起。"产业集群"这个词曾经风靡一时，被视作发展经济的灵丹妙药。在很长一段时间里，国内所谓的关注产业集群，只是"打造产业链"和"打造产业集聚区"，通过招商引资和规模扩张来追求GDP、出口创汇等短期效益，甚至是在各种利益主体的博弈下发展"工业地产""文化地产""科技地产"，而不是技术学习、创新和创造。

促进技术创新的产业集群理论是起源于第三次工业革命时期，伴随着内生经济增长理论的发展而出现的，其有两个主要分支，即美国的波特（M. Porter）提出的基于产业特质的产业集群（Industry Cluster）和意大利的贝卡蒂尼（G. Becattini）等提出的基于地方特质的新产业区（New Industrial District）。产业集群理论认为，产业集群的利益相关者之间强有力的合作有助于提高该地的竞争力，并最终提高特定行业的经济效益。产业集群政策受到多国决策者的青睐和国际机构的倡导。

导论

1996年至2000年，我与我的团队在国家自然科学基金的资助下研究了新产业区理论及其在我国的应用价值。该项目的研究成果《创新的空间——企业集群与区域发展》一书基于我国的专业化产业区与意大利式产业区的相似之处，提出了发展中小企业网络的政策建议。这项研究代表了当时我国学者的认知水平，即以为只要中小企业抱团合作，自然而然地会提高企业的技术创新能力。然而，随着全球化遭遇逆流，经济下行压力增大，我国很多所谓的产业集群逐渐暴露出创新能力不足的问题。

在这样的情境下，学者们才越来越清晰地认识到，我国的那些以代工为主的产业集群与发达国家促进技术创新的产业集群是截然不同的。在我国普遍出现的以代工为主的产业集群也大量存在于发展中国家，在地理上相邻近的企业之间通常存在追逐低成本的恶性竞争，导致集群衰亡。实践者也逐渐感悟到，产业创新往往存在于产业集聚的区域，但产业集聚的区域不一定能培育产业创新。

为了理解创新驱动区域发展的问题，需要分辨两大类的产业集聚。产业价值链的高端和低端环节都存在相关企业的空间集聚现象。例如，德国图特林根（Tuttlingen）的医疗设备产业集群和巴基斯坦锡亚尔科特（Sialkot）的医疗设备产业集群，是处在价值链的不同环节的：前者是创新型的产业集群，又称为创新集群或高端集群；后者是依赖型的产业集群，又称为生产集群或低端集群。这两类集群之间是不平等的贸易关系。

我将本书命名为《园区和集群》，就是试图辨析产业园区和产业集群，从区域和地方发展的视角说明单纯依靠土地开发、利用初级劳动力来发展经济的道路是走不通的，只有依靠技术创新和制度创新，培育创新型企业家，发挥企业之间的合作优势，才能真正在激烈的国际竞争中取胜。

产业园区

改革开放之初,开发区政策是我国一项重要的制度安排,即开辟新区,实施税收优惠和产权保护政策以吸引投资者。深圳、珠海、汕头、厦门四个经济特区和14个沿海开放城市的国家级经济技术开发区,以及国家级高新技术产业开发区的建设和发展,创造了经济奇迹并积累了改革经验。

20世纪70年代末至90年代初,乡镇企业和城市里的民营企业崛起,政府逐渐退出竞争性行业转而投资基础设施建设,形成了很多以县市为基础的产业园区。从20世纪90年代开始,一些地方政府开发的园区招引到较大的跨国公司和配套企业。当时普遍认为,建设产业园区是提升工业化、推进城市化、加快经济结构调整的战略举措。

产业园区可以分为加工型和创新型的园区,分别承载产业价值链低端环节和高端环节的活动。我国在改革开放初期建设的经济特区是从出口加工起步的,对土地进行成片开发,为集中建厂创造条件。之后,从中央各部委到地方各级政府纷纷设立开发区,为企业提供了大量可选择的区位。地方之间的竞争十分激烈。部分地方政府的决策缺乏科学性,导致对土地经营和优惠措施的过度依赖。不少园区以投资规模和资金密度作为选择企业的主要指标,而不注重投资效果。随着土地和劳动力成本的提升,一些处在价值链低端环节的园区企业纷纷倒闭或迁移,导致园区空心化。

我国的加工型园区存在很多错综复杂的问题,例如园区名目繁多、过分分散、开发面积大、产业缺乏特色、园区内的企业之间缺乏联系和分工、专业化服务不足等。在经济下行的压力下,很多产业园区不得不寻求转型和升级。2019年发布的《国务院关于推进国家级经济技术开发区创新提升打造改革开放新高地的意见》提出实施先进制造业集群培育行动。自2003年以来,国家先后出台了一系列规范工业地产发展的政策，使房地产驱动的区域发展模式难以为继。

创新型园区具有鲜明的促进创新的愿景。政府对创新型园区有明确的创新人才引进、创新环境营造、创新政策制定等的发展举措。这些园区肩负着聚集创新要素、培育新兴产业、推动产业转型升级、促进区域经济发展的重要使命。

《国家中长期科学和技术发展规划纲要（2006—2020年）》将建设创新型国家作为国家重大战略目标。为了建设创新型国家，近十几年来我国越来越重视提高自主创新能力，并实施了创新驱动发展战略。一方面，传统的加工型产业园区开始转型升级；另一方面，创新型园区内的孵化器、加速器、工程技术中心等迅速发展。

创新集群

创新（Innovation）是经济增长的引擎。不幸的是，"创新"一词在我国却往往与更新、标新立异、推陈出新的意思相混淆。应该说，当产品或服务实现了市场价值，方可以被认为是发生了创新。一个点子可能成为发明，但在它在成为可以销售的新产品或新服务之前不能被称为创新。须知，创新是在社会网络中发生的，而单纯追求效率的科层制管理体系和急功近利的发展诉求，都可能成为创新的障碍。

创新曾经仅被看作经济活动，然而，当前创新过程的社会性质越来越重要，这是因为创新活动日益复杂，创新的节奏日益加快，孤立的创新型企业或者高度专业化的研发部门都很难迅速创新，需要与其他企业或机构建立社会联系并进行协作。创新不仅需要前沿科研成果，而且需要不同技术的重新组合。由于创新是一个社会过程，不同学科、不同产业需要密集地互动才能源源不断地产出创新的成果。

合作研究或合作开发新产品除了需要正式的合同，还需要默契的技术学习和知识交流，因此需要新的区域治理手段，使各类相关行为主体之间频繁地交流和互动，并在此基础上建立起相对稳定的合作关系。他们还要密切接触目标用户，制定技术标准和规范。

"创新集群"（Innovation Cluster）和"创新型集群"（Innovative Cluster）是外来语，体现了在地理位置上邻近的各创新型行为主体之间的互动合作关系。起源于欧美国家的"创新集群"与"产业集群"的含义相近，而创新集群通常是指需要在集群促进机构的推动下建立的创新型的产业集群，因此创新集群又被理解为新的区域治理模式。创新集群的创新型行为主体包括同行业和相关行业的供应商、制造商、客商、服务提供商，以及政府机构和行业协会、科研机构和培训机构等。其中，集群促进机构，即促进各行为主体合作的机构，是创新集群的核心。各种正式或非正式的活动是创新集群的表征，它能够促进跨学科、跨产业的产学研合作和知识交流，使创新型行为主体在浓厚的创新氛围中发挥集体创造力。创新集群应该是针对某个产业及其相关产业而言的，如果把某某园区说成创新集群，只会使创新集群抽象化而失去它应有的意义。

增强国力是维护国家主权的根本途径，而自主创新是增强国力的基础。因此，培育创新集群应该成为创新驱动区域发展的既定任务。

我国促进创新集群发展的努力

自 2004 年开始，"产业集群"一词在行业发展报告和新闻报道中的出现越来越普遍。科技部、国家发展改革委、工业和信息化部、农业农村部等国家部委以及中国纺织工业联合会等行业协会都对产业集群表示了极大的关注，并以产业集群作为政策抓手。

2007 年，国家发展改革委出台的《关于促进产业集群发展的若干意见》提出：推进东部加工制造型产业集群向创新型集群发展，加快提升在全球价值链中的分工地位；加快中西部地区产业集群发展；促进老工业基地形成一批新型装备制造业集群；在具备条件的中心城市适度发展文化、创意设计等新兴集群，促进现代服务业集聚发展，着力发展高技术产业集群。

2011 年，科技部火炬中心组织实施"创新型产业集群建设工程"。《创新型产业集群建设工程实施方案（试行）》明确，创新型产业集群是指围绕战略性新兴产业，通过制度建设和机制创新，以科技资源带动各种生产要素和创新资源集聚，形成以科技型中小企业、高新技术企业和创新人才为主体，以知识或技术密集型产品为主要内容，以创新组织网络、商业模式和创新文化为依托的产业集群。2013 年，科技部启动创新型产业集群试点工作，到 2021 年已在全国布局了 152 个创新型产业集群。

2019 年，国家发展改革委发布了《关于加快推进战略性新兴产业集群建设有关工作的通知》，公布了第一批 66 个国家级战略性新兴产业集群名单。此后，"实施国家战略性新兴产业集群工程"写入了 2022 年的政府工作报告。

我国将拥有一批具有国际竞争力和影响力的先进制造业集群作为建设制造强国的重要标志。党的十九大报告提出，促进我国产业迈向全球价值链中高端，培育若干世界级先进制造业集群。党的二十大报告重申了要培育世界级先进制造业集群。中共中央、国务院印发的《扩大内需战略规划纲要（2022—2035 年）》也提到了培育世界级先进制造业集群。2023 年 5 月，国务院常务会议审议通过了关于加快发展先进制造业集群的意见。

2019 年，工业和信息化部启动了世界级先进制造业集群发展专项行动，引导和促进集群在市场竞争中不断提升发展的质量和水平。工业和信息化部主导的先进制造业集群竞赛采用的是德国的赛马模式，即由政府给予资金和政策支持。工业和信息化部经过多轮竞赛，在全国选拔出了45个先进制造业集群。赛迪顾问发布的《世界级先进制造业集群白皮书》提出，世界级先进制造业集群是指在一定区域内，基于专业化分工和比较优势，与先进技术、工艺、先进制造领域相关的企业及关联机构共生形成的高度协同、分工明确、布局合理、技术领先、产业链完善的产业创新网络，并在总量规模、创新能力、组织架构、管理运营、品牌效应、开放程度、制度环境、市场竞争力等方面处于世界领先水平，是先进制造业集群和区域一体化的高级形态。

2022年，工业和信息化部出台了《促进中小企业特色产业集群发展暂行办法》，提出"十四五"期间，在全国范围内认定约200个中小企业集群，引导和支持地方培育一批省级中小企业集群。

发达国家创新集群发展的新趋势

我国很多加工型的低端产业集群曾经受益于20世纪80年代以后的全球化。企业从西方国家接收外包订单，以产业集聚的低成本优势，通过与国外企业互利合作的形式介入全球价值链。后来，集群面对的国际环境发生了突变，国际商业环境的竞争性变得越来越显著。在此背景下，我国政府实施了培育创新型产业集群、先进制造业集群、战略性新兴产业集群、特色中小企业集群等政策。

对于区域和国家而言，最重要的是构建具有全球竞争力的集群，从而在复杂多变的国际环境中实现高质量的就业和经济增长。如何构建具有全球竞争力的集群是世界上很多产业集群面临的新挑战。

不可忽视的是，远距离的、非本地的信息和知识在全球性渠道（Global Pipelines）中流动。国际上的很多经验表明，集群中的企业所建立的跨区域的信息流通渠道越多,流到区域内的市场信息和技术信息就越多。全球性渠道可以加强集群中企业的凝聚力,并增强集群中企业之间的相互理解。有研究成果认为,如果没有全球性渠道,集群的运行将会延缓甚至停滞。集群中出色的企业家具备进入区外主要市场和吸引区外专业人才的能力。因此,产业集群的开放性和对外拓展性是这些集群成功的关键因素之一。

最近的一些国外文献表明,发达国家正在多个创新集群之间建立知识网络。例如,德国的集群正在实施国际合作项目和发展国际合作伙伴方面积累经验,法国的集群也突破了集群内部封闭的"生态圈"而转向构建跨集群合作网络,加拿大则以多个小集群构建创新协作网络。发达国家创新集群的这些趋势值得我们密切关注。

本书只收录了近两年我在澎湃新闻上发表的文章,内容比较散。更多的理论分析和案例研究成果见诸我和我的研究团队的系统性著作,包括《创新的空间——产业集群与区域发展（修订版）》《超越集群——中国产业集群的理论与实践》《创新集群三十年探索之旅》《探索产业区位》等。欢迎读者讨论和商榷。

上 篇

从宏观视角理解产业园区和创新集群

中国多数园区不是集群，深化产业集群研究势在必行

自 20 世纪 80 年代中期开始，国际上地理学、管理学、经济学、社会学等学科的专家研究了发达国家产业集群（以下简称集群）的成功案例，例如意大利中部、东北部的专业化产业区和美国硅谷等地的高技术集群。这些研究聚焦技术创新和增强国家竞争力这两大主题。集群理论认为：在集群中企业之间有贸易和非贸易的相互依赖关系，通过投入产出联系、共享劳动力和其他资源，企业可获得外部经济效益；在理想的集群内，通过企业之间的联系和互动，可以降低交易成本，产生协同效应，促进知识学习和技术创新。培育创新集群是提高国家竞争力以应对全球化挑战的重要措施。

20 多年前，我国学者及时引进了国外的集群理论。我国国内的研究文献数不胜数，探讨了集群的概念、产生条件、演进过程、发展机理、地理分布等，探寻了我国集群形成的国际背景、面临的机遇和挑战，对集群的重要意义和相关理论探讨得比较充分。但是，仅用国际上近乎规范的集群理论，例如意大利产业区理论、波特的集群理论等，并不能清晰地分析我国集群的实际。

我和我的团队调研和观察了很多鲜活的实例，研究了集群内行为主体合作行动对促进技术创新、产业升级和社会和谐的作用，并呼吁尽早地转入公共政策研究，力图推动有关集群的政策出台。我们强调，在激烈的国际竞争环境下，我国所面临的任务是培育创新集群，而不是继续打造低端集群。对于已经发展的集群，其创新和升级的任务依然很艰巨。

通过集群内部治理，促进相关企业和机构紧密互动，继而加速创新，保持我国的竞争力。

发展集群被理解为"打造产业链"的做法令人担忧

集群战略已经被纳入国家和地方的政策中。"十四五"规划和 2035 年远景目标纲要对培育先进制造业集群作出了部署。工业和信息化部公布了 45 个先进制造业集群名单。此外，据不完全统计，国家发改委公布了 66 个战略性新兴产业集群的名单、科技部火炬中心公布了 109 家创新型产业集群试点的名单、农业农村部和财政部共同公布了 50 个优势特色产业集群的名单、文化和旅游部将打造 5 个具有区域影响力并引领数字文化产业发展的产业集群。各级地方政府的集群培育政策也相继出台。据统计，2020 年，31 个省、自治区、直辖市的政府工作报告中，有 29 个明确提出发展产业集群。一些民主党派也相继把先进制造业集群作为调研内容，为政府献计献策。

不过，在一些政府文件和媒体宣传中，发展集群被作为实现规模扩张和追求 GDP 等短期目标的手段、被理解为将分散的企业集合到园区中以"打造产业链"的做法随处可见，这令人担忧。在这种情况下，需要强调，国际学者对集群理念有过批判性的讨论，认为集群是一种"理想的事物"（Vision Thing），它提高生产率和促进技术创新的能力有限，集聚效益只能在特殊条件下、在某些地方的一定发展阶段的某些产业中实现，在后进地区的实现机制需要进一步研究。后进地区集群成功的主要因素是本地具有学习和吸收能力，成功的基本条件是企业之间能够合作。否则，集群只能是全球生产网络中微弱的节点，以及企业可能瞬间消失的场所和末梢工厂。为刺激经济增长所实行的集群战略可能只是一种良好的愿望。

调研业已发现，近距离的产业联系虽然能降低成本，却并不能保证促进技术创新。在全球化的背景下，中国的集群可以使当地获得效益，也会使当地付出成本，甚至可能对产业造成损害，如果面临的一些突出问题得不到有效解决，将会成为国家经济安全的隐患。为我国"世界工厂"作出重要贡献的以专业化为特征的外贸加工集群已经失去了神秘感，大量处在价值链低端的集群经历过"逐底竞争"，有些甚至陷入了衰退或区位转移的困境。

将正在兴建的园区等同于集群，或者把集群培育的希望寄托于园区建设之上，这是有问题的。集群可能在园区的基础上发展而来，但这需要较长的时间和不懈的努力。国内外市场环境瞬息万变，如果园区不能有效营造健康的创新环境，就有可能落入企业之间不合作的"集聚陷阱"。我国大多数园区都不是集群，将传统的园区转化为创新集群并非易事。一些相对落后而没有足够多企业的地方企图用建园区的手段来发展集群，这是有风险的。

政府是创新集群的促进者

经济全球化，以及国内改革开放政策和地方企业家精神等，促使我国大量集群的形成。一些快速成长的集群具有较旺盛的经济活力和较高的就业水平，居民生活水平普遍提高，已经培养且继续孵化出了很多创新型企业家和创新型企业，但是在产学研合作、学科交叉创新和产业融合等方面还有不少问题。为真正使我国现有的集群能经受住经济波动的考验，还需要实现集群的升级。发展中国家的集群研究表明，很多作为全球生产基地的专业化区域是发达国家跨国生产重组的产物，可能会受到少数高度专业化制造过程的限制，因此，要设法帮助中小企业解决生存发展的困难。

对于先进制造业的重点方向——新一代信息通信技术

及其应用，轨道交通、航空、船舶及海工装备，节能与新能源汽车，工程机械及农机装备，人工智能，软件和信息技术服务，绿色化工，新材料，集成电路，能源装备，新型显示和智能家电，智能网联汽车，生物医药，现代纺织服装等来说，一批集群正在脱颖而出，呈现非常好的发展趋势。不过，其关键技术的研发和创新，还有很长的路要走。

根据国际经验，真正的创新集群是地方要素协同作用的产物，是在市场推动下长期自发形成的。创新集群的发展要靠自下而上的内生动力。自上而下的政府干预有可能助力这种协同作用的实现。在集群形成的初期，政府是集群的促进者。当集群发展到一定规模时，要发挥社会中介组织的作用，尤其要重视行业协会的作用。

促进企业合作和产业联系的机构是创新集群的核心

集群政策的意义在于激发利益相关者的共同需求，促进技术创新和知识溢出，提高产业的国际竞争力。常见的创新集群行动计划包括通过构建网络关系、加强技能培训和人才培养、激发创新和刺激创业精神等措施，使集群内的利益相关主体就地方长期发展目标达成共识。

制度创新是克服技术创新障碍的关键。通过制度创新，创造公平透明的环境，建立有效的市场机制，让企业真正成为创新主体；通过健全的知识产权制度，促进研发活动的投入，在保护发明人获得创新收益的前提下，共享知识和技术；创新集群需要兼顾社会责任，不仅关注短期的经济效益，还要兼顾社会和生态环境的可持续发展。

企业之间和产学研机构之间错综复杂的产业联系很难通过事先的规划来形成，往往需要在一定的法规（如知识产权保护）和制度背景之下，以及约定俗成的社会网络之中，进行频繁的正式交易和非正式交流才能形成，而诚信是利益相关者结成合作伙伴的关键。国际经验表明，一批机构和组织，例如同业公会、生产力中心、技术服务平台、质量控制中心、研发实验室、职业培训中心、集群促进机构等，共同构成集群良好的创新环境。这些促进企业合作和加强产业联系的机构是集群的核心。

我国的很多集群正在朝着集群治理方向做出努力。例如，在保护知识产权的基础上加强产品研发和技术创新，促进产学研合作；发挥行业协会的作用，制定行业标准，规范市场行为等。

集群研究要满足政策实践的需求

工业和信息化部的相关文件将先进制造业集群定义为"地理相邻的大量企业、机构通过相互合作与交流共生形成的产业组织形态"，这与学术界多年的研究成果相吻合。工业和信息化部公布的先进制造业集群涉及集成电路、生物医药、软件和信息技术、物联网、纳米新材料、数字安防、新型碳材料、工程机械等领域，被称为先进制造业的"国家队"，瞄准在国际竞争中取胜。

然而，将国家部委、省区市的一些与集群相关的政策文件和学术文献相对比，又会明显感到由于学界和政界之间的交流甚少，关于集群的话语还有不相吻合之处。例如，集群发展瞄准"千亿、万亿级"的目标，这是学者在研究中极少提到的。可以说，学者的研究已经落后于决策，在一定程度上被实践"牵着鼻子走"了。

目前，一些地方的集群发展仍以 GDP 为目标，对集群的理解往往限于有形的园区和新城，而对于先进制造业集群的目标究竟是什么、如何发展，鲜有深入的论述和研究。尤其是在增强供应链自主可控能力、增强国家创新能力的迫切要求下，深化集群研究势在必行。

自 2002 年以来，"产业集群与区域发展"学术会议已成功举办了 19 届，第 20 届将于 2021 年在深圳举行。研究者有义务协助集群政策的正确制定和实施，以实现制造业高质量发展，提高国家的创新能力。关于集群政策现存的研究文献已经不少，关键是深入调研，结合本地和本行业的实际进行创造性的探索。在调研的基础上，思考中国现有集群存在的问题和升级的方向，以及培育战略性集群的关键在哪里，以满足政策实践的需求。

学界深化产业集群研究孜孜以求的终极目标应该是助力集群政策在我国持续正确地实施，而促进技术创新、提高区域和国家的竞争力是集群研究者的使命。

（本文发表于 2021 年 7 月 29 日）

我心中的科学城

我从小就在心里种下了"科学"的种子,因为那时学校教育我们要爱科学,在勇攀科学高峰的路上没有崎岖的道路可走。家里订阅了《科学大众》杂志,那时我看的科幻故事里的太空探索图片,与现在航天员太空生活的真实影像似乎差别不大。我和同班的女同学曾以居里夫人为榜样,以当科学家为人生目标。

1958 年,我有机会去了一趟中科院。那时中科院刚建不久,据说是仿照苏联科学院建的,和北大清华相邻,集中了我国顶尖的科学家,要用科学改变我国"一穷二白"的面貌。中科院配套建了很多公寓楼,还有能与莫斯科餐厅媲美的"中关村茶点部"。那一片就叫"科学城"。

高中毕业时,我的同桌考上了中科院下属的中国科技大学。后来因"战备"需要,中科大搬到安徽合肥去了,听说合肥是"科学城"了,且董铺水库岛由中科院接管而成为"科学岛"了。1990 年,我应邀去岛上给中科院的一个所做讲座,当时岛上的四个研究所没有公共会堂。"中关村第一人"陈春先生得知我去"科学岛",托我到等离子体研究所取到了一点工资。

还有一个著名的科学城是核工业基地,即俗称"九院"的中国工程物理研究院。九院从北京迁到青海海晏县,再到四川的山沟里,进行核试验。1983 年,九院的全部人员迁到绵阳,那里成为了"科学城"。后来我去到那里时,科技人员聚居的大院已经相当破旧了。近两年,在为了解决"卡脖子"难题而必须强基础的紧迫形势下,以较大规模地建设大科学装置为特征的"科学城"和作为高端人才集聚地的"科学家之城",在北京、上海、合肥、广州、成都、重庆、深圳等城市发芽开花。我虽然未曾有机会了解这些"科学城"的开发和建设情况,不过由于我到过日本的筑波科学城和关西科学城、瑞典的西斯塔科学城、西班牙塞维利亚的科学城(卡图加工程),以及国外的其他几个科学园区,并翻译(译审)了由美国加州大学教授曼纽尔·卡斯特尔和英国伦敦大学教授皮特·霍尔合著的 Technopoles of the World: The Making of 21st Century Industrial Complex 一书,还是想就科学城的建设和发展谈谈看法。

国外的科学城与我国的高新区、开发区和其他新城不同。科学城应该是由政府进行规划建设的、有意构筑的脱离动荡城市中心的一种优越的特殊空间。这种科学环境有其自身的价值和机制,能使科学家和学者们在科学社区里激发内聚力,进行科学探索,潜心追求科学目标,通过研究活动的协同以实现卓越的科学成就。

日本的筑波科学城和关西科学城有很大的区别,瑞典的西斯塔科学城和隆德科学城也很不一样。大部分是所谓集中于科学研究的"纯科学城",其不受生产环境的直接影响。另外一些科学城与工业公司建立联系或自己创建商业公司。科学城通常能支持国家的科学发展,也往往成为地区发展的工具,以期将较好的科研成果逐渐渗透到经济和社会中去。

有一种说法,世界的"纯科学城"诞生于1957年的赫鲁晓夫之梦,是在西伯利亚的白桦树林中建造的。初建时,经常有一些学术交流活动,例如由物理学家参与的一个俱乐部举办的研讨会和讲习班。但后来苏联科学院西伯利亚分院逐渐官僚化,导致科学城人才流失且缺乏协同作用,于是,一些科学家在官僚主义与市场力的夹攻下感到遗憾。由此,一项对西伯利亚科学城的总结指出,建设科学城会改善工作条件,带来更好的科研设备,这有助于研究活动的开展;组建新的研究机构,有可能打破官僚主义的束缚,破除现有学术中心的保守观念。然而，除非建立了新型的研究管理组织体制，否则，旧有的科研体制弊病会在新科学城中再生。

始建于1963年的日本筑波科学城在很长的一段时间里被作为"纯科学城"失败的典型，甚至被称作"科学乌托邦"。60多年来，日本政府对最初缺少产业支撑的筑波科学城进行了制度改革，加强了市场化导向。但直至2019年，在一项调查中，近半的筑波市民仍然表示感受不到"科学之城"的元素。

日本的关西科学城建在京都、大阪和奈良之间，采取多核心的发展模式，而且实行公私合伙制度，吸引工业公司和协会为研究成果商品化提供渠道。这座科学城的目标是提高经济竞争力，在设计之初就把未来的基础研究与工业研发及应用结合起来了。

2010年，瑞典西斯塔科学城在上海世博会上做广告。2011年，我去参观时，其还没建设完工，它的原址是爱立信总部。它在移动通信产业集群的基础上，吸引了很多跨国公司的研发中心，并孵化出创新型小微企业，形成了由大学、企业和政府共同构建的创新网络。瑞典创新署（VINNOVA）对国家创新项目进行了全过程管理。

建设科学城是有风险的，因为它并非必然促进科学发展。如果缺乏专门的政策把它的科研活动与当地的经济连接，科学城就可能成为飞地，创造的就业机会也很少。科学城所在的地方如果具有经济活力，也能主动利用科学城所蕴藏的科技潜力，将科学知识真正融入地方的企业网络，使科学城对国家和地方产生直接的效益。

总的来说，科学城的概念是在理想主义中诞生的，要将它变为现实，不仅需要先进的大科学装置、适宜的工作和生活环境及足够的公共空间，还需要科学城内人们良好的科学素养和刻苦攀登科学高峰的科学家精神，以及跨领域、产学研协同的科学氛围和共同的价值观。

（本文发表于2022年8月18日）

产业园区的创新驱动和内源式增长

自 20 世纪 50 年代以来,原料产地的产业区位吸引力下降,企业选址的自由度变大,以招商引资为主的园区随着自由布局型产业(Footloose Industry)的出现而兴起。当生产环节在地理上分离,甚至可以跨洋散布时,当富余资本满天飞以寻找降落地点时,园区战争就开始了。欠发达的国家和地区的政府渴望"金凤凰"的到来,对园区开发尤为积极。印制精美的宣传册,打造令人炫目的视频、LED 屏幕、网络平台,园区广告铺天盖地。

据说,全国从事专业招商的人数不下两万。招商的金句是:只要肯招商,没有挖不动的企业。通过各种招商术,很多园区招到了世界 500 强企业,以及港商、台商、粤商、温商。还能以商招商,使园区像滚雪球一样变大。但是,不少园区苦苦经营了十来年,却难以维持,企业就是不到那儿去。

如果把园区看成装载企业的容器,那么打造园区就是地产商的事。企业是长脚的、会跳的,大型企业会及时调整空间战略,有投资,也有撤资。因此,打造园区是有风险的政策,园区存在失败或空洞化的危险。

从增长极理论思考园区失败现象

增长极理论是产业园区的相关理论之一。2017 年,我和学生李鹏飞为《国际地理百科全书:人,地,环境和技术》(The International Encyclopedia of Geography: People, the Earth, Environment, and Technology)撰写了"增长极和增长

中心"条目，我从理论上对园区失败的现象进行过思考。

20世纪50年代初，法国学者佩鲁为解释经济增长不平衡的现象，把抽象的经济空间看作力场，把其中的推动性单位描述成增长极。20世纪60年代中期，学者们进行推论，使增长极学说从"一个推动性产业促使其他产业增长"，演变为"一个地方的经济增长促使其他地方的经济增长"。

促进推动性单位附近的地区发展相关的经济活动，通常是许多园区规划的目标。现实中有许多地方可供企业选择，决策者的期望可能不切实际。多年来，学者们反思了地理空间的增长极学说：一定会在周边地区引起经济活动吗？如果推动性单位是一组公司，为什么这些公司会在增长极集聚？为此，必须进一步发展集聚经济理论，以解释公共服务和专业化供应商的发展、对消费者的吸引、劳动力市场的共享，以及思想和技术的交流等现象。

从20世纪60年代到70年代初，在未经充分论证的情况下，增长极就已作为区域战略被多国广泛接受，并盲目地假定增长极所引导的经济增长会自动发生。地方经济结构被认为是可以规划出来的。政策分析仅限于产业链投入—产出的贸易联系的静态方面，而没有包含企业间关系，例如社会互动和创新的溢出效应等非贸易联系的动态方面。

之后，一些增长极未能实现其初衷而被决策者放弃。增长极政策失败，在某些情况下是因为它被用于实现过度雄心勃勃的目标，如平衡国家的经济空间格局。还有很多原因，例如维持这些政策的资源不足、政府换届使承诺无法兑现、增长中心或推进性产业的选择错误等。

重要的是，内源性增长过程被排除在增长极理论之外。佩鲁和他的弟子们虽然强调了创新的单位对经济增长的意义，但却把这些单位具有先进的技术作为既成事实。而且，增长极的经济分析是非地方化的（Delocalized）。增长极理论不能解释创新活动的发展，也无法解释推动性活动如何产生。它暗示欠发达地区不能自行实现经济增长，而必须依靠增长极的引导。实际上，实施增长极战略的重点地区通常是非创新的地区。该政策的制定者通常专注于供应链的投入-产出关系，只偏爱大型企业，不重视对创新和创造就业机会至关重要的中小企业。

增长极在政策制定中的普遍应用无助于该概念的巩固。模糊的定义使本来只是用于解释不均衡增长的增长极理论，成为了许多地区发展规划的论断、信仰和灵丹妙药。一种理论在证实和巩固之前被广泛地接受和作为政策来实施，这是非常危险的。

澳大利亚阿德莱德多功能城终于失败

中国的千千万万个园区令人眼花缭乱。20世纪70年代末建成的小开发区已经"旧改"，而新时代的新城和园区方兴未艾。世界各国的园区与中国的园区大同小异，但发展阶段千差万别。早在21世纪的矿山——信息技术、生物工程和新材料等高技术产业的发展初现端倪时，高技术幻影到处浮现，20世纪50年代中期涌现的"硅谷热"迄今仍在继续。20多年前，一位澳大利亚的教授向我叙述了阿德莱德多功能城（Multifunction Polis of Adelaide，简称MFP）的梦想。最近，我在澳大利亚房地产开发公司（APO）的网站上看到了阿德莱德生物中心（Bio Hub Adelaide）在2021年3月启动的新闻。阿德莱德是南澳州乃至南半球新药研究和临床试验的热土，当地已建有生物医药城（Adelaide BioMed City）。我感到好奇的是，过去闹得沸沸扬扬的MFP现在怎么没有消息了。

MFP是1987年霍克（Hawke）执政时期，日本和澳大利亚合作的规模庞大而雄心勃勃的项目，当时计划在阿德莱德市中心以北8公里处的吉尔曼建设新世界概念的美丽城市。澳大利亚的日本问题评论家曾说，MFP 是个流动无形的幻影。烧钱多年，总耗资 1 亿澳元，即使是削减成本的基廷（Keating）政府也不敢放弃它。但是很不幸，1994 年的股市崩盘、经济衰退使这座空中城堡的梦想破灭。1996 年，联邦政府撤资。1997 年 8 月，南澳州州长宣布放弃该项目。用现在的前沿规划思想来看，日本通产省 1987 年提出的 MFP 概念不无道理。未来学家奈斯比特在 1982 年的《大趋势——改变我们生活的十个方向》中就提出高技术等于高接触（high tech = high touch）。日本很早就将高技术和高接触关联起来了。在 MFP 规划时，澳大利亚期待高技术城市的出现，日本则考虑建造高接触的城市，双方从一开始就有误解，从而造成了多年难以置信的管理混乱。当然，MFP 的失败还有其复杂的政治背景。

法国索菲亚·安蒂波里斯和西班牙卡图哈科技园获得成功

高技术和高接触并不矛盾，因为高技术的创新需要企业之间、产学研之间协同的创新环境。对于创造性要求高的产业，技术与艺术往往难以严格区分，技艺改进需要他人的合作和响应。创新和学习成为集体行为，知识隐含于日常的生产和生活之中，分工细化的人们需要频繁的交流，创新在同业甚至跨界的知识溢出中产生。

在世界上，另外两个同样是打造了多年、曾经备受争议的产业园区，现在都成功了。一个是 1968 年设计、1972 年开发、在法国戛纳和尼斯之间出现的索菲亚·安蒂波里斯，它是法国实施增长极政策时所挑选和创建的增长极之一；另一个是卡图哈科技园，位于西班牙相对落后的安达露西亚省的塞维利亚市，它是利用 1992 年世博会会址，通过周密的规划设计和公共投资培育出来的。

园区成功的关键是走创新驱动之路

那么,园区成功的原因是什么?关键原因是园区持续升级,走内源式增长和创新驱动之路。

曾经依靠外源式增长的加工区,经过 20 到 30 年的持续制度创新,会形成创新型的产业社区。世界上第一个出口加工区——爱尔兰香农出口加工区,以及打响"改革开放第一炮"的深圳蛇口工业区就是这样变身的。园区的内源性增长来自政产学研等行为主体的协同作用,为此,需要创造鼓励技术和知识自由交流、适应地方社会文化的制度环境。

创新并不一定发生在年轻的新区里。世界上最普通的创新环境,尤其是早期的创新环境,一直是在大都市的。无论是老城还是新区,发生创新的地方都存在有利于创新的社会网络。如今,创新型企业向生活环境好且空间尺度相对较小的城市街区集聚。精心设计的城市空间是企业创新活动的重要催化剂。商务会议、工作交流、休闲交谈等可以增加知识工作者之间的社会互动。咖啡馆、餐馆和广场等公共空间成为社交互动、企业间合作、观点交流和扩展办公空间的物理场所。

(本文发表于 2021 年 3 月 1 日)

园区发展离不开产业联系的构建

2018年，中美贸易战爆发，首当其冲的是关系到国家安全的半导体产业。美国采取了严格的出口管制措施来制裁中国。2020年，新冠疫情使技术贸易局势进一步恶化，芯片短缺已影响到全球的汽车、手机、消费电子等多个行业。我国的乳制品等不少行业的国际供应链安全受到威胁。在装备制造业中，高精度、高速度、高强度、高稳定度的产品大量依赖进口的问题凸显。

供应链断裂的极端压力引起我国对供应链安全性的高度重视，并在国家层面推动产业供应链的多元化。2021年年初，党中央明确提出要提升产业链现代化水平。各地在编制工业和信息化领域"十四五"规划时，均提出要提升制造业产业链现代化水平。2021年的政府工作报告强调，要增强产业链供应链自主可控能力，优化和稳定产业链供应链。

产业联系对园区发展至关重要

近20多年来，各省市乃至各园区都把打造全产业链作为发展经济的"抓手"。从"打造链""夯实链""延长链"，到"建链""补链""强链"，与产业链相关的热词出现的频率越来越高。

产业链是由产业联系构成的。产业联系错综复杂，有产业上下游环节的供应联系、政产学研用的联系；内外资企业的联系、国企和民企的联系；地方和全球的联系；技术、资本和社会的联系；同业和异业的联系；贸易和非贸易的联系等。说到产业联系，你是否会想起那些社会关系多、市场信息灵的经纪人呢？有的地方同行企业竞争激烈，供销员或业务员在企业间跳来跳去，带去客户，还能得到更高的工资！

生产投入产出环节的垂直联系俗称上下游联系，此外还有产品和服务互补的水平联系。西方学者对产业联系的研究较早。赫希曼（A. Hirschman）在1958年发表的《经济发展战略》中提出了前向联系和后向联系的概念；里昂惕夫（W. Leontief）的投入产出模型于1973年获得了诺贝尔经济学奖；霍尔（A. G. Hoare）从1973年起撰写了多篇论文，他发现一些企业在官方数据中看似有功能联系，但实际并非如此，因此，他建议谨慎分析事实，以解释产业综合体的空间凝聚力。波特（M. Porter）在1980年将价值链作为分析企业战略的工具；瓦柯（R. Walker）在1988年用"链"（法文 filière）表达技术相关活动之间的联系；斯多帕（M. Storper）在1992年用商品链分析全球技术区；格里菲（G. Gereffi）在1994年提出全球商品链，在2001年提出全球价值链；迪肯（P. Dicken）在1998年用生产链分析全球生产网络。

在理想情况下，供应商和制造商在地理上邻近，能使原料、零部件和半成品等快速到达制造商，从而在同一地点完成全部生产活动。20世纪的全球化使企业的国籍一度变得模糊。在产品的研发和设计、销售和物流等环节，全球价值链的"链主"掌握着关键技术，控制着低端环节的大量生产企业。很多大型公司实行全球战略，把细分的生产环节放在全球不同的地方。例如，美国的电影制片企业在好莱坞拍摄电影，在多伦多、悉尼和孟买等地进行后期制作等。香港利丰集团引以为傲的经典供应链解决方案是，在巴基斯坦纺纱，在中国织布和染色，在孟加拉国缝制服装，使用中国产的纽扣和日本产的拉链。

世界上大量的出口加工园区的产业联系主要在其所在的国家和地区之外。例如，深圳在20世纪80年代"外引内联"，提出"立足深圳，加强联合，面向海外，扩大出口"

的方针，从来料加工开始，逐步转向中中（内联）、中外、中中外（内联加外资）等方式兴办合资、合作企业，通过特区与外国和外地的产业联系，迅速发展了外向型经济。

联合国工业发展组织（UNIDO）等国际组织一再强调，发展中国家的企业要在参与全球价值链过程中逐步升级，并指出没有"自动扶梯"，需要进行学习和创新。2001年，联合国贸易和发展会议（UNCTAD）发布的《世界投资报告》以促进产业联系为主题，提倡加强外资企业和本土企业的联系，从而使本土企业受益。

不顾条件地"建链"令人担忧

实际上，企业是在近处还是远处选择供应商，与该企业所处供应链环节的区位因素及各地的条件相关。例如在网游产业中，从事游戏开发的企业与授权生产衍生品的企业一般都不在一地。再如，宜家家居设计好产品之后，世界各地的2000多家供应商展开激烈竞争，由设计研发机构与30多个国家的贸易代表处共同决定花落谁家。为客户定制的新产品的研发和生产地，往往位于客户所在地。不过，在互联网高度发达的今天，用大数据处理订单、模块化分解任务、规模化生产定制产品的企业又可以跟客户不在一个地方。

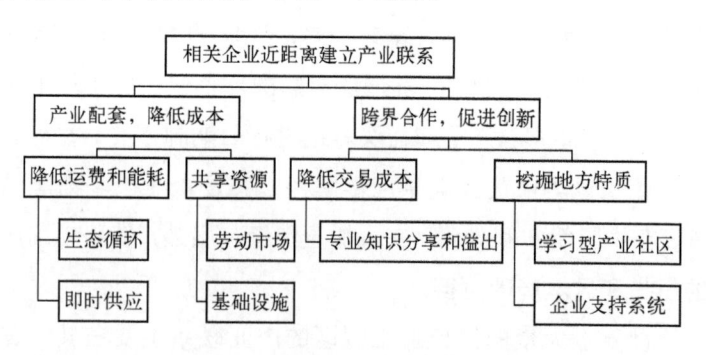

图1 近距离产业联系的好处

基于产业链图谱分析本地产业环节是否缺失，进而在一个城镇甚至园区内不顾条件地"建链"的做法是令人担忧的。这些地方侧重于"建链"和"补链"，但很难实现"强链"。外延式的规模扩张未必能提高地方的竞争力，但可能滋生地方保护主义。有的地方把发展落后的原因归结为"产业链条短，延伸不足"，甚至为了本行政区的利益，限制企业到较远的地方合理布局。不少地方忽视现有的产业基础，围绕新兴产业盲目地进行"链条式"招商，这种趋势若长久下去，可能加剧产能过剩。

企业是技术创新的主体，创新是社会过程。企业与大学和科研机构等相关主体构成基于社会联系的创新网络，这种社会联系往往根植于本地。但是，近距离的产业联系不一定能促进创新，正如在1988年佩纶（J. C. Perrin）所描述的法兰西南岛科学城的情景："各单位都以为自己是至高无上的城堡，生怕失去势力；研究和产业相互注视，像壁炉上两只怒目对峙的瓷狗。"

最了解产业联系的技术特征和实际需求的是企业。1990年前后，北京中关村的多个企业无视酒仙桥电子工业区的存在，而去珠三角建厂。2000年前后，我在哈尔滨发现，某厂产品的包装箱来自遥远的佛山；另一个厂的供应商之一是贵州的，因为厂商的老板之间是老朋友。在绵阳的某企业，我听说电子零部件来自东莞；在宁波的某塑料模具厂，我听说聚酯切粒是山东淄博供应的。供应商的选择一般至少需要两三年的试错，这种情况虽不尽合理，但有它的道理。

产业联系在跨界、"跨链"交流中形成

当前，我国正在建设国家和区域科技创新中心、自主创新示范区和企业创新联合体。在国家层面，在关乎经济安全的产业链布局中，产业链不仅要"全"和"多元化"，而且

要"高"——发展价值链的高增值环节。据我理解，涉及产业链国家安全的环节是战略性关键技术环节。如何通过审慎的行动，创造出特别有吸引力的地方来进行关键技术攻关呢？卡斯特尔（M. Castells）和霍尔（P. Hall）在1994年对世界高技术中心进行了深入调研和全面考察之后，在 Technopoles of the World 一书中提出："头等重要的是确定基本目标。为此，需要选择重点，而不是全面铺摊子，它包括优先考虑国家的还是区域的重点，以及短期的还是长期的目标的问题。整个事业中最艰难的部分，是推进大学研究人员与产业界的联系，这取决于学术文化和产业文化那样的东西。这种联系可以是非正式的，通过随便的交往或鼓励有创业精神的大学衍生公司而建立起来。在以日本为代表的一些比较拘谨的社会里，这种联系可以比较认真地通过中介或联络机构建立起来。"

产业环节往往是跨产业、纵横交织的。很多创新发生在产业的边界，并在跨界合作、"跨链"交流中实现。促进创新的产业联系虽难以进行精确的规划，却会发生在学习型产业社区之中。关于卡斯特尔（M. Castells）和霍尔（P. Hall）提到的"学术文化和产业文化那样的东西"，我国改革开放四十多年来已经有了很多很好的例子，例如深圳矽递科技有限公司创建的柴火创客空间、上海浦东技术型创业者的社区平台 iTalk 沙龙等。这些对打破产业边界、建构跨产业的联系、培育创新型企业、提高城市和区域竞争力都起了重要的作用。此外，上海进博会等各种展会作为关系平台，有利于企业面对面交流并获得商业信息。

远距离的产业联系也是必不可少的。企业及所在园区需要尽可能充分地学习、吸收和利用国内外先进技术。例如，上海一些生产工业机器人的企业仍处于下游环节，尚缺乏生产减速器等核心零部件的技术能力，需要与沈阳、深圳、南京、武汉等地的优秀企业协同创新。另外，我国的很多企业已经成为组成全球供应链的环节,它们还要加强创新,在国际产业分工中履行责任。

在园区中提升产业竞争力,可以从关注产业链上下游的物质联系,转向关注战略性新兴产业集群和先进制造业集群。在促进产业联系方面,地方政府应加强各个相关部门之间的协同,同时,进一步发挥行业协会的作用。

(本文发表于 2021 年 3 月 15 日)

关于"链长制",我有话要说

2021年,我在准备第20届产业集群与区域发展学术会议的PPT时,用了三个感叹号指出:"产业空间组织不是'产业链'的纯技术建构!城市不是'产业链'的容器!集群研究者要有系统的思维,而不能停留在'链式思维'!"与此同时,广州市"链长制"工作会议提出,该市于2021年6月启动"链长制",构建21条重点产业链。再看全国,有6个省发布了"链长制"政策,9个省(市)提出了"链长制"实施计划,22个城市作了"链长制"规划。

回想1978年提出改革开放及2001年加入WTO,在全球化扩张的时期,我国的产业融入全球供应链,逐渐形成了配套完善的生产能力,一批有技术和资本、有品牌实力的本土企业在竞争中成长起来。但是,有一些供应商受到技术上领先的跨国公司"链主"的制约,被锁定在低端环节。从2018年以来,在国际贸易摩擦、逆全球化和新冠疫情的影响下,不少企业面临着供应链重组的挑战。有些本土领先企业开始承担"链主"的角色,它们既要摆脱依赖,坚持自主创新,又要保持开放,继续通过国际联系获取技术与经验,通过供应链多元化来分散风险。自主可控的国内供应链分工也正在深化。

按产业链来招商,是不少招商工作人员在实践中摸索出来的方法,我记得昆山花桥国际商务城就是根据产业链细分领域来进行招商的。2019年,一些地方在商务工作中实施"链长制"。2020年,以"链长制"作为责任制、动员机制和要素保障机制,推动企业复工复产,避免出现"缺个零件,停一条生产线"的现象，统筹安排疫情防控、招工、原材料供应、用电、物流、融资等问题。"链长制"最初在开发区施行，并要求落实政府对产业链的安全责任，以防范和化解产业链重大风险。现在，"链长制"被地方政府作为发展实体经济的抓手来普遍推行，责任已落实到领导者个人。一位朋友担心：如果领导决策失误怎么办，这将导致什么样的连锁反应，付出多大的机会成本，错过怎样的时间窗口？

"产业链"是通过产业联系形成的。20年前，我在东莞调研时，该市科委就提出过"补链"的想法，因为发现东莞存在产业链环节缺失的问题。我还看到过武汉打造15条产业链的示意图。

近20年来，"产业链"在我国的媒体和文件中频繁出现，但在英文学术期刊中，与"Industrial Chain"（产业链）的相关研究却极少。随着新技术、新产业的不断涌现，需要不同主体的相互合作，以及不同产业和学科的互动，才能促进知识溢出。创新往往发生在产业的边界。"链式思维"不能应对瞬息万变的需求，跨产业领域的合作成为学者关注的重点。线性的"创新链"也已经演化为对创新系统或创新网络的认知。

赫希曼（Hirschman）于1958年发表的《经济发展战略》认为，产业的前后向联动效应，可以提升地区的投资吸引力。1975年，霍尔（Hoare）以大伦敦为例对产业联系进行了研究。1986年，波特（Porter）用价值链来分析企业的竞争战略。1988年，瓦柯（Walker）用法语filiere来表达与技术相关的活动之间的联系。1992年，斯多波（Storper）用商品链来分析全球技术区。1998年，迪肯（Dicken）用生产链来分析全球生产系统。1994年，格里菲（Gereffi）提出全球价值链。里昂惕夫（Leontief）在20世纪30年代就开始从数量上研究经济系统各部门之间的投入产出关系，并在1973年获得了诺贝尔经济学奖。但他对美国经济数据验证的结果与要素禀赋理论的预测相悖,这被称为"里昂惕夫之谜"。2001年,联合国贸发会议的《世界投资报告》提出了促进产业联系的政策框架。我国也有大量基于产业联系对区域和城市发展进行研究的学术论文。

价值链环节的空间分布是市场机制作用的结果。各种产品的生产流程千差万别,生产链的长短及生产系统的大小、复杂程度、所跨越的地理空间有很大的不同。产业联系有直接的,也有间接的;可能是远距离的,也可能是近距离的。生产流程可能连续,也可能分离。各工序可能集中在一家企业内,也可能分散到多家企业中。例如,香港利丰集团曾经有这样一个订单:在巴基斯坦纺纱,在中国织布、染色并采购纽扣,在日本采购拉链,在孟加拉国缝衣。总部位于西班牙拉科鲁尼亚的服装公司飒拉(Zara),其400多家供应商有70%在欧洲,其22家服装厂都在本国。

基于本地的供应链很重要,但供应链环节却不一定都在本地。一个企业可能有若干相互交织的供应链及其环节。某个产业的活动会与其他多个产业的活动发生联系,例如,系统化和模块化的技术使无人机产业与多个产业发生联系。一地可能有多元价值链(Plural Value Chains),存在由多个企业组成的纵横交织的产业网络,从而获得地方竞争优势。对一个产业来说,上下游和旁侧的环节可能很多,同时,哪些环节在区内、哪些环节在区外,企业是在近距离还是在远距离选择生产协作配套,都与该产业的技术需求以及该区域的经济、技术、社会、文化等因素密切相关。例如,从事游戏开发的企业与周边产品生产的企业一般都不在同一地。另外,除了生产链,还需要设计、研发、金融、物流和通信等各种服务的支持。多种相关的产业及其环节纵横交错,组成生产系统。生产系统可能局限在一地,也可能在全球范围内构建。

已有的或者未来可能发生的复杂联系很难进行事先的

规划。位于同一个地方而又处在价值链不同环节的企业是否能合作，取决于基于诚信的社会网络，即"非贸易的相互依存"（Untraded Interdependence），这需要知识产权保护等完善的制度环境。我曾在调研中发现，有些企业寻找供应商时舍近求远，因为邻近的供应商不愿意与其合作。我还了解到，有些核心企业选择供应商需要至少两三年的试错，且供应商名录是不能公开的。

对于复杂的产品来说，一条产业链的各个环节不大可能分布在同一个省市，即使是一个国家也可能无法覆盖所有的价值环节。价值链各个环节的空间分布是市场机制作用的结果。在开放的条件下，促进本地的产业联系，加强产学研合作，积极创造有利于技术创新的产业环境，有望使本地的经济活动在跨地区的价值链中占据更高价值的环节，从而获得更高的经济效益。

产业集群战略与"产业链"战略有着本质的区别。培育市场经济环境、营造创业氛围、促进产业联系是长期的过程。在计划经济时代，地方政府或许可以通过建立企业来"打造产业链"，但可能造成地方产业结构雷同、"条块分割"等问题。在市场经济体制下，地方政府不再具备直接干预经济的能力和手段。如果让产业知识不足的政府领导者行使配置经济资源和要素的权力，可能会影响企业家和创业者的经营与创新。

产业集群战略与"产业链"战略都强调了本地产业联系，但思路却完全不同。当某产业及其相关领域的企业集聚到某个地方时，会形成地方生产系统，也就是产业集群。集群内不仅有同行业的供应商、制造商和客商，还可能有看起来不相关的行业的企业，还有各种服务机构或平台。跨行业之间的交叉与融合对于促进创新是十分重要的。例如，生物科技领域的华大基因，最初其基因测序速度受制于测序设备的供应，后来，其在深圳的电子信息产业中实现了数字化设备的配套供应。此外,产业集群战略特别强调在本地培育基于信任的创新文化,建设开放的创新社区。企业之间会产生利益冲突,建立既竞争又协作的关系并不容易。为此,集群内需要建立促进创新行为主体之间合作的机制。目前,集群发展促进机构作为一种制度创新的成果,正在我国先进制造业集群中发挥着重要的作用。

（本文发表于 2021 年 10 月 15 日）

也谈"专精特新"

近一两个月,"专精特新"在媒体中频繁出现,令人目不暇接。创新型中小企业越来越受到国家的重视,这使我感到欣慰。联想到1996年,当看到《人民日报》(海外版)头版上"在中国,一个声音响起来:培育自己的大企业、大集团!"的论述,以及关于一些地方政府"拉郎配"导致出现国有企业"子体未救活,母体先拖垮"的现象的报道时,我心急如焚,因为那时发达国家正在青睐中小企业。我连写了三篇文章,论及企业规模,强调中小企业及其网络对于技术创新的意义。

中小企业向"专精特新"方向发展,是"十二五"时期工业和信息化部开始推动的,至今已有10个年头。工业和信息化部自2019年5月以来公布了三批专精特新"小巨人"企业名单。不过,我在国家级和省市级的名单中还没找到我心目中的两个"专精特新"企业:一个是我在杭州萧山瓜沥镇的日本雅马哈钢琴厂调研时听说的企业——东方琴业(现已更名为森鹤乐器股份有限公司),该企业位于宁波慈溪,始建于1987年,其生产的击弦机等钢琴核心零部件,闻名于世界钢琴生产领域;另一个是位于深圳宝安的华测检测认证集团股份有限公司,其成立于2003年,是中国第三方检测与认证服务的开拓者,为全球客户提供一站式解决方案。

在仔细翻阅慈溪和宝安的"专精特新"企业名单时,我有两点猜想。

第一,应该有不少"专精特新"企业来自专业化产业区(集群)。例如,慈溪的"专精特新"企业名单里有一些小家电企业，而慈溪是中国小家电产业之都，近些年智能化发展的势头强劲。慈溪的"专精特新"企业宁波祁禧智能科技股份有限公司，专注于即热式饮水产品，是国内无热胆秒沸饮水技术的开创者。我知道"两家"（家电和家具）产业是佛山顺德的特色产业，其"专精特新"企业也多为家具和家电产业集群之中的企业，及助推其升级的智能机器人企业。

第二，应该有不少"专精特新"企业是在原有的出口加工区中涌现的。例如，在深圳入选国家专精特新"小巨人"企业名单的169家企业中，宝安有52家，数量占全市第一，且这些企业的成立时间大都超过10年。华测检测公司曾表示："我们生在宝安，长在宝安，永远不会离开宝安，感谢宝安让我们如鱼得水。"因为宝安有大量出口产品需要认证和检测。我虽在深圳"专精特新"企业名单里没找到华测检测（可能是因为它不属于制造业领域），但查到其在北京、青岛、宣城的分公司都进了"专精特新"企业名单。

"专精特新"重在创新性，需要创新支持系统

工业和信息化部、科技部、财政部、商务部、国务院国资委、中国证监会联合发布的《关于加快培育发展制造业优质企业的指导意见》提出，要构建优质企业梯度培育格局。"十四五"期间，要培育百万家创新型中小企业、10万家省级"专精特新"企业、1万家专精特新"小巨人"企业和1000家"单项冠军"企业。各种迹象表明，培育专精特新"小巨人"企业是其中的重点。从长期来说，"专精特新"企业培育政策能释放中小企业的创新活力。国家越来越密集地发布培育"专精特新"中小企业的相关政策和指导意见，为"专精特新"中小企业发展创造良好的条件。在"十四五"期间，财政部将通过中小企业发展专项资金累计安排100亿元以上的奖补资金；"专精特新"企业将得到多层次资本市场的

助力；全国多地规划了"专精特新"中小企业的发展蓝图，"选苗培土"；各地的招商策略也从寻找"大好高"，以及引进大项目、大平台、世界五百强，向寻找"专精特新"企业转变。

我对各类的相关文件和媒体报道进行了一番搜索，深切地感到中国正在加快向"制造强国"迈进，多种产品正准备走国产替代的路。专业化、精细化、特色化、创新能力突出的"专精特新"中小企业，是专注于细分市场、创新能力强、市场占有率高、掌握关键核心技术、质量效益优的行业"排头兵"。由于西方在关键技术上制裁中国，国家希望通过支持"专精特新"企业来进行突围。可见，"专精特新"的"新"，重在创新性。不过，这个任务是比较艰巨的。因为知识和技术的积累是长期的过程，而且需要产学研合作的创新环境。多数的创新过程是在特定的地区发生的，各地有不同的专业化部门和特有的创新环境。创新并非纯技术的过程，更是人际合作的社会过程。当前复杂技术的攻关往往需要相关企业的合作。

一般来说，中小企业的技术力量和资金储备薄弱，难以独自应对激烈的市场竞争。对于上榜专精特新"小巨人"名单的企业来说，资金补贴和金融服务固然重要，但还需要建立由企业、大学、研究所和公共服务机构组成的创新支持系统。尤其是关键零部件、关键材料等的研制和关键技术的攻关，需要专业机构精准的技术支持。这里再举一个小例子。十几年前，台湾省台中市后里乡生产乐器（萨克斯管）的十几家企业面临激烈的市场竞争，面临着严重的困难。在台湾"经济部工业局"的"地方群聚产业辅导计划"下，后里乡建立了乐器产业联盟（后里 Saxhome 族），由台湾工业技术研究院（简称"工研院"）负责提供技术支持。工研院购买了法国制造的萨克斯管，解析其构造，测量其音孔的位置及材质，以找出美妙音质的决定因素。工研院的机械所与材料所合作，研发出适合制造萨克斯管的 6535 号黄铜,并由铜材料企业负责生产以替代进口。工研院和台湾清华大学动力机械所无回响室配合,用核磁共振技术准确测试乐器的音准与音色。工研院还与乐器公司合作,将音孔位置数据标准化。在产学研的协同努力下,后里乡的萨克斯管制造业实现了升级。

培育"专精特新"企业必须与培育创新集群联系起来

在中国,很多企业的管理者都熟知美国哈佛商学院波特(M. Porter)1980 年的名著《竞争战略》中所提出的差异化战略和专一化战略。1990 年他在《国家竞争优势》中又提出,国家竞争优势是靠企业的集群而不是靠一两个"国家冠军"获得的。

我再举两例。一个是上文所说的位于慈溪的森鹤乐器,虽然它生产的钢琴关键部件击弦机的性能世界领先,但木制件用材、呢毡、弹簧用磷铜丝等多为进口的。这些材料的国产化不是该企业能解决的,需要多个行业和多个企业的合作。

另一个例子是深圳的钟表产业。功能最复杂的手表由 600 多个细小的零部件组成。虽然深圳已成为全球主要的手表生产和配套基地,钟表企业专而精,产业分工细到一个厂只生产手表外观件的某一部件,或只从事某一生产工序。这样的分工协作所形成的产业集群可根据客户的需要及时开发出新产品,但深圳所用的部分复杂的高质量机芯仍需从瑞士和日本进口。微型精密技术人才和工匠的培养,以及微型精密加工能力的提高,并非一蹴而就的。微型精密技术不仅可用于钟表,还可用于精密电子零部件和元器件等很多产品的加工。据了解,国内已经有专注于微型精密制造技术研发和产品生产的企业,例如位于苏州的"专精特新"企业和林微纳科技股份有限公司,不过其生产和检测设备还需引进。

2021 年,创建深圳科创学院的李泽湘在接受采访时提及,精密的高端机床全球只有日本、德国和瑞士能生产,中国虽然从"一五"时期到现在一直都在投入,甚至有过专项投入,但与国外的差距没有缩小,差距之一是专业人才不足。他认为,高校要去企业的真实场景找问题。由此我想到,"专精特新"企业要与高校联合培养人才,而且需要一代人甚至几代人的努力。

"专精特新"企业是成群产生的,而不是孤立而分散存在的。培育"专精特新"企业的意义不仅在于某产业链的补链和强链,更在于产业创新系统和区域创新系统的构建。专业化和分工合作是并存的,创新型产业集群是"专精特新"企业的母体。欧盟始于2009年的"面向精明专业化的研究与创新战略"(Research and Innovation Strategy for Smart Specialization)依据地方特有的、专门的知识储备和经济结构,发展世界级产业集群,推动基于专业技术的多样化,并通过用户参与产品的设计和改进来推动创新。因此,培育"专精特新"企业必须与培育先进制造业集群、战略性新兴产业集群、创新型产业集群联系起来。

以上是我对"专精特新"企业的浅薄理解,仅供读者参考。我希望相关研究者不仅要关注"专精特新"企业的数量及其在全国的地理分布(企业数量其实不是最重要的),而且要细致地分析和调研"专精特新"企业,研究它们对提高城市、区域和国家创新能力的贡献。对三年来入选国家三批"专精特新"名单的企业应进行跟踪分析。这些企业的水平参差不齐,尽管它们面临着较好的发展机遇,但能否因入选名单而获得长足的发展,还要受行业需求、产业政策、经营状况等很多因素的影响。此外,政策效果也是重要的研究课题。

(本文发表于2021年9月6日)

如何提升创新集群的韧性

2022年1月5日，苏州市"新年第一会"——苏州市数字经济时代产业创新集群发展大会召开，大会动员全市以创新集群引领高质量发展。苏州市委、市政府2022年"一号文件"《苏州市推进数字经济时代产业创新集群发展的指导意见》提出，要打造"创新集群引领产业转型升级"示范城市。与此同时，深圳市出台了《深圳市科技创新"十四五"规划》，提出要围绕7大战略性新兴产业，发展20个产业集群，布局11个创新集群区，加快建设具有全球影响力的科技和产业创新高地。面对复杂多变的国内外环境，很多省市把产业集群和创新集群作为防风险保增长的抓手，并制定相关的行动计划。

在国家层面，培育世界级先进制造业集群写进了党的十九大报告。"加快发展先进制造业集群，实施国家战略性新兴产业集群工程"写入了2022年的政府工作报告。工业和信息化部、国家发改委、科技部、农业农村部等部委一直在推进集群发展。例如，科技部火炬中心的"创新型产业集群建设工程"早在2011年就已经启动。

我曾经带领研究团队在集群研究领域耕耘。尽管我早已退休，但还会被一些求助者问及何为创新集群。因此，我不得不重温过去的研究成果，却发现不同时期的术语有差异。几本著作中对于创新集群概念的表述不够简单明了，而网络上的MBA智库和百度百科中似是而非的解释又会误人子弟。本文旨在进一步谈谈打造创新集群的核心要义及内涵。

创新集群概念的起源

促进创新的产业集群的英文文献集中发表于20世纪80年代末和90年代初，强调了集聚对产业创新的意义。美国哈佛商学院学者波特基于产业特质，强调企业区位战略，提出"集群是在相关产业中既竞争又合作的公司、专业供应商、服务提供商和相关机构（例如大学、标准机构、商会）在一个特色领域里的地理集中"。意大利佛罗伦萨大学学者贝卡蒂尼等则基于地方特质，强调地域性，提出"产业区是一种社会地域的实体，其特点是居民社区和多个企业在一个自然和历史意义上有界的区内积极地相互渗透"。

北京大学产业集群研究团队在2001年和2010年先后在国家自然科学基金项目的研究成果中，对发达国家产业集群的研究文献和政策实践进行了解读。这些研究成果认为，产业集群可以理解为在特定产业领域中相互联系的企业和机构（通称行为主体）在地理上的集聚体。在包括政产学研在内的各行为主体中，企业是创新的主要行为主体。在理想的产业集群内，各行为主体通过产业联系产生外部经济、知识溢出和产业融合等效应，不仅能降低生产成本，而且能降低交易成本，还可能促进技术创新。

各行为主体之间既有上下游的贸易依赖关系（投入产出联系），又有非贸易依赖关系（相互交流知识和信息）。那些能促进创新的产业集群就是创新集群。产业集群是跨产业的动态概念。创新集群中存在促进企业合作的多个机构，例如技术创新中心、行业协会等。集群政策或计划的要点是动员有效的合作机构助力集群内各行为主体的合作创新。

创新集群应对压力的韧性

理解创新集群离不开技术变化和组织变革的背景。30多年前,集群重要性增强的背景是新技术革命,大企业垂直分离和柔性生产系统出现在意大利的艾米利亚-罗马涅大区(Emilia-Romagna)和威尼托大区(Veneto)、德国的巴登-符腾堡州(Baden-Württermberg)和巴伐利亚州(Bavaria)、法国罗纳-阿尔卑斯大区(Rhone-Alpes)、美国硅谷、日本东京大田区等地,分工协作的中小企业集群发挥了竞争优势。如今,数字化转型已经改变了发达国家的大部分地区,加剧了全球经济发展的不平衡,对创新经济的需求更加迫切。创新集群的重要性更加突出,这是因为在创新集群的创新环境里成功的企业家能够创造高潜力的公司,在邻近的市场中寻求最适合的机会来获取资源,推动资金、技术和人才在集群中流动,从而可能实现激进或颠覆性的创新。

理解创新集群的关键,是了解有利于集群成员协同合作的微妙的默契关系,而绝不仅是上下游产业链活动的纯技术联系和无缝对接。创新集群是创新社区。在创新集群中,所有参与者,无论是直接还是间接参与创新过程的人,都有共同的愿景和使命,愿意寻求合作机会,以达成一致的意见。创新集群的内涵正是大家能够遵从默许的规范,甚至与各地的类似创新社区分享这些规范。因此,创新集群具有应对困境和压力的韧性,以及敏捷和快速响应的机制。当前,如何应对世界政治经济变局和新冠疫情的冲击,是国家和地方共同面临的难题。各省市在抵抗压力的能力和机制上存在显著差异。创新集群不可能独善其身,同样会受到各种危机的干扰。应对和适应危机的能力成为创新集群的关键能力。创新集群的韧性不仅取决于其内部多方主体之间的关系紧密程度和协作程度,而且需要保持开放与创新。

英国"赛车谷"（Motorsport Valley）具有抵抗压力的韧性。我在 2021 年的英文文献中注意到一个能够抵御压力的创新集群的案例——英国中部的"赛车谷"（Motorsport Valley）。在赛车制造这个先进制造领域，英国具有无可撼动的地位。"赛车谷"位于北安普敦郡（Northamptonshire）和牛津郡（Oxfordshire），是由银石赛道（Silverstone Circuit）经过 60 多年发展而成的，集聚了高性能技术和赛车运动的重要商业活动。由于赛车运动激烈竞争的性质，必须应用高性能的技术，近距离且及时地改进和解决复杂的技术问题。那里有超过 4500 家与赛车相关的创新型企业（大部分是面向小批量定制生产的、产品周转率非常高的中小企业），有世界顶尖的赛车技术研发中心。布鲁克斯大学是世界优秀的赛车教学机构。"赛车谷"有世界上 80%的顶级赛车工程师，提供了 4 万多个就业岗位，年营业总额约为 90 亿英镑（2019 年数据）。"赛车谷"有国家赛车运动学院和银石大学技术学院等专业培训机构，其周边有 15 家有汽车工程专业的英国高校。

"赛车谷"集群曾经成功地度过了两次全球衰退，所在的区域还在不断发展，现在又表现出了应对英国"脱欧"和新冠疫情等压力的韧性。根据相关研究，该集群有四个特点。一是知识在"空气"中传播。与美国硅谷类似，公司之间的劳动力流动很普遍。对创新机会的不懈追求使隐性知识得以传播，许多公司因此创立并成长。该集群对其他国家的人才有很大的吸引力，这是运行良好的集群的特征。二是公司在很多领域进行创新，包括赛车运动的学科领域，以及可应用于汽车、航空航天、船舶、国防、医疗设备、传感器等领域的产品和服务。大部分的创新发生在公司之间以及公司和研究型机构的协作中。集群内外都有广泛的协作关系。近些年来，与碳排放和大数据相关的国际法规对创新模式的影响很大，企业专注于更清洁、更环保、低碳和节能的产品解决方案。三是集群独特的融资模式吸引风险资本，这反映了该创新集群开发高性能技术的潜力。四是各种场所对高质量的、先进的技术基础设施都有持续的需求。在银石赛道周边的地区，住房和就业岗位数量还将大幅增长。

"赛车谷"的中心城市是 1967 年在三个小镇和多个村落及农场的基础上规划建设的、占地 88.4 平方公里的米尔顿凯恩斯市（Milton Keynes）。从米尔顿凯恩斯市的网站上看，目前正在招聘的有首席空气动力学家、空气动力学开发团队负责人、财务人员、媒体人、风洞工程师、质量检验员、工厂电气技术员、坐标测量编程师等数十个岗位。赛车运动需要复杂而相互交织的技术，需要赛车维修人员、设计师、工程师等各种人才的协作和努力。

（本文发表于 2022 年 4 月 12 日）

数字经济时代的创新集群发展

19世纪末关于产业区创新环境的理论是针对工场手工业集聚现象提出来的。20世纪80年代以后，随着技术和组织的急剧变化，产业区的价值被重新发现，产业集群理论应运而生。该理论认为，地理邻近的专业化企业之间及其与相关机构之间真正的伙伴关系和协作，能够促进技术创新，增强国家、区域和城市的竞争力。

技术创新是社会过程，很多创意是人们在面对面的交流中不经意产生的。创新型区域的大量案例说明：在知识产权等法规健全的条件下，在学习型社区及其社会网络中，企业之间近距离地交流隐性知识，能够促进知识溢出和技术创新；由于某些商品链关键要素的多样化和非标准化，企业在不确定条件下的决策往往形成于约定俗成的社会文化之中。一些国际机构和国家政府在提倡和制定集群政策时，强调通过行业领域合作机构（Institution for Collaboration）的制度创新，来克服相关企业之间以及产学研之间协作创新的阻力。

中国有数不清的专业村和专业镇（区）。仅家具专业镇就有广东东莞大岭山镇和厚街镇、中山市大涌镇、佛山市顺德区乐从镇和龙江镇，江苏常州武进区横林镇，浙江嘉兴市嘉善县天凝镇，湖北武汉市黄陂区和荆州市沙市区，河南省洛阳市洛龙区庞村镇，河北省霸州市胜芳镇，浙江省安吉县天荒坪镇，四川省成都市新都区，江西省赣州市潭口镇和龙岭镇等，这些往往都冠以"产业集群"的称谓。

这些以传统制造业为主的所谓产业集群大部分是低端

集群，它们在全球化巅峰时刻创造了"中国工厂"的奇迹，但由于存在企业间恶性竞争、产学研不合作等诸多通病，导致它们迄今为止尚未真正走上创新驱动发展的道路。近几年，国家对产业集群的重视程度越来越高，大力发展战略性新兴产业集群和先进制造业集群。2022年，国务院发布的《"十四五"数字经济发展规划》提出，要推动产业园区和产业集群的数字化转型，这为培育促进技术创新的创新集群提供了良好的机遇。

一年前，我以广东佛山顺德为例发表了《关于制造业集群数字化转型的思考》一文。当下，中国制造业集群升级面临着新冠疫情、俄乌冲突、全球化重构等考验，未来的不确定性和可能的危机引发了我对历时30余年的产业集群理论的重新思考。近来我与苏州相关人员接触较多，体会到苏州对数字经济和创新集群认知的需求十分迫切，决定针对苏州的问题再写一文，试图将数字经济与创新集群二者结合起来进行分析。

如何将数字经济与创新集群联系起来

作为中国制造业的大市，苏州2021年"新年第一会"聚焦智能化改造和数字化转型，2022年"新年第一会"聚焦数字经济时代产业创新集群发展，欲打造高端医疗器械、集成电路、软件和信息技术、绿色低碳四大产业创新集群。苏州下辖各市区闻风而动。

张家港市聚焦高端纺织、新能源、特色半导体、智能高端装备产业领域；常熟市聚焦声功能材料、新能源、汽车及零部件产业领域；太仓市聚焦高端装备、航空航天、生物医药、先进材料产业领域；昆山市聚焦信息技术、生命健康、智能制造等产业领域；吴江区聚焦工业互联网产业领域；吴中经开区引进了汇川技术、科沃斯机器人、浪潮、华为、爱数、360等数字经济企业，打造数字创新生态；相城区布局数字金融、先进材料、智能车联网、工业互联网、区块链、生物医药等未来产业；姑苏区聚焦数字文化创意领域，在古城保护、商贸、医疗等方面激发数字业态；苏州工业园区把数字技术、产品和服务导入生物医药、人工智能、纳米技术等应用场景；苏州高新区太湖科学城集聚医疗器械产业。

2022年1月4日的《苏州日报》报道，苏州最大优势是制造业，要"拉长长板"，构建协同创新生态体系，带动制造业产业集群整体数字化转型，并争取培育一批数字经济创新集群，以增创苏州制造新优势。然而，制造业离不开研发设计、检验检测认证、知识产权、节能环保、商务、供应链管理、金融、人力资源等方面的软件服务。如何通过数字化服务制造业集群，使协同创新生态体系构建起来？如何培养"数字经济创新集群"？是否需要探讨一下产业互联网中的数字软件服务对创新集群的作用？

数字经济时代的创新集群离不开云服务

数字经济时代的创新集群离不开云服务，即第三方通过互联网提供的基础架构、平台或软件服务。因为集群企业需要实现从内到外业务和管理的数字化，包括上下游企业之间、企业与客户之间的关系数字化，并落实到云端的应用。

早在2010年前后，"阿里巴巴产业带"就把大量专业化的特色产业区放到云端，使就地取材的特色商品上线销售，但此举未能解决低端产业集群升级的问题。国际著名企业管理软件供应商SAP于2020年5月发布了产业集群策略，把中国各类产业集群看作供应链中的超级节点，以创新赋能中心为平台，助力集群内的中小企业上云。该数字化转型战略在不少产业集群实施。中国的跨境快时尚品牌企业SHEIN

根据消费侧的需求，通过"MES 工艺管理系统"，在其总部所在地——广州市番禺区南村镇塘步东村周边，扶植了千余家服装供应商，构建了供应链集群，但在帮助生产端设备数字化、使劳动者获得更大的利益方面还存在问题。

工业互联网已成为产业集群数字化转型的核心力量，能使集群内的企业实现价值共享。例如，海尔卡奥斯工业互联网平台为德阳等地的产业集群提供了服务。青岛崂山区在卡奥斯工业互联网平台的带动下，发展成为"工业互联网特色产业集群"，聚集了 25 个垂直行业的工业互联网平台。实行数字化转型的集群还有广东佛山南海大沥镇五金产业集群、浙江丽水生态合成革产业集群等。据报道，在全球云计算市场中，PaaS（平台型软件服务）的市场份额虽小但增速最快。

工业互联网对于产业园区和产业集群数字化转型的重要作用已得到工业和信息化部等部委的高度重视。相关经验表明，专业化产业区和特色小镇可以发展具有特色的、专业的工业互联网平台。例如，江西南康的家居产业智联网就很有特色，该集群的共享智能备料中心、共享喷涂中心、创新设计中心的数据都通过家居产业智联网进行汇聚和整合，使产业集群实现数字化转型。

线上的软件服务对产业集群数字化起重要作用

随着互联网和云计算技术的普及，软件即服务（Software as a Service，SaaS）对产业集群数字化起着重要作用。也就是说，除了传统软件企业向 SaaS 企业转型，更需要重视和培育 SaaS 企业。

2022 年 6 月，我看了《德国 4.0：如何成功向数字化转型》一书（原版书出版于 2016 年），该书提到在美国硅谷一地就有超过 1 万家数字经济领域的创新型初创企业，而美国每年新成立的数字经济创新企业大约有 10 万家，除硅谷以外，这些企业集中在纽约、波士顿和奥斯汀等地。基于互联网的数字技术已经急速地颠覆了世界，数字化遍及所有行业和价值创造的所有阶段。数字化已成为德国经济的薄弱环节，德国必须培育并支持数字创业公司。该书警告德国制造业正面临的危险："人们把工业 4.0 仅仅理解为再增加一套电子设备来提高实体生产流程的效率，这根本不是数字化转型！"我想，几年前中国关于实体经济和虚拟经济之争，部分地反映了对数字经济认知的肤浅。

在德国北威州的东威斯特法伦-利普地区（Ostwestfalen-Lippe，OWL），由政府牵头，约 200 家公司、16 个科研机构和 6 所大学联合开发中小企业数字化转型的解决方案，构建智能技术系统，并在德国联邦教育和研究部的"领先集群竞争计划"（Leading-edge Cluster Competition）中取得成功。2016 年，互联网软件公司 Aumentoo GmbH 创建了基于云的一体化创新管理平台，其目标群体包括汽车、家电、保险业等多个行业的创新公司，通过整合外部数据库的知识，该平台可以访问超过 150 万家公司，为企业提供 SaaS 解决方案。它的虚拟讲座系列"Inside it's OWL"从 2008 年启动以来延续至今，使企业和研究机构能够了解项目机会，与专家讨论项目的应用领域和实施可能性。

苏州是"中国特色软件名城"之一，十几年来吸引和培育了不少 SaaS 企业。微软、Zoom、德勤、西门子、用友、金蝶、腾讯、阿里、华为、微盟、有赞、京东、百融云创等国内外重要的 SaaS 企业都在苏州提供云服务。我还注意到，苏州有多个著名的 SaaS 企业，例如海管家、盖雅工场、天聚地合、同程旅行、未至科技、苏州国云、企查查、智慧芽等，它们分别在国际物流云协作服务、全球劳动力管理云服务、企业信用管理云服务等领域深耕多年。此外，苏州协同创新智能制造装备有限公司还打造了"苏云工业平台"（包括苏州产业集群公共服务平台)。

苏州很多创业园区都举办了创业大赛，以支持和培育"头雁"数字企业。例如，位于相城区的苏州高铁新城培育了独角兽数字企业。多家风投和创投机构落户苏州。苏州创新投资集团（苏创投）的成立能进一步助力苏州优化创业环境。不过，与北京、深圳、杭州等城市相比，迄今为止 SaaS 领域仍然是苏州的"短板"。

守护数据安全是数字软件服务于创新集群的前提

根据发达国家的经验，小而精的产品生态体系是 SaaS 的发展方向。优秀的 SaaS 企业是既懂产品技术又懂行业诀窍，用心钻研行业"Know-How"，打磨产品细节，并有多年经验的企业。SaaS 企业的成长需要三个要素，即活跃的具有付费愿望的中小微企业市场、甲方企业对于云端数据存储安全和管理的充分信任及小而精的产品生态体系。对于苏州来说，孵化和培育 SaaS 企业的主要制约因素可能是具备技术能力与经验的云计算人才数量不足。

2022 年 12 月发布的《中共中央 国务院关于构建数据基础制度更好发挥数据要素作用的意见》提出了构建数据产权、流通交易、收益分配、安全治理 4 项制度的 20 条政策措施。数据是产业集群数字化转型的基础，而守护数据安全是在产业互联网中数字软件服务创新集群的前提。

（本文发表于 2022 年 6 月 29 日）

为什么农业农村振兴需要产业集群理念

大约 15 年前,"农业集群"的概念就已出现在中国的学术论文中。"优势特色产业集群"在 2018 年写入国家乡村振兴规划和乡村产业发展规划,并在 2020 年和 2021 年的中央一号文件里得到了进一步的强调。相关数据显示,截至 2021 年 6 月,农业农村部、财政部支持建设的优势特色产业集群达 100 个,涉及 31 个省区市、647 个县区。2021 年 11 月,我在应邀参加第十一届中国县域现代农业发展高层会议时,谈了对用产业集群理念助力农业农村振兴的理解。

产业集群是舶来语。美国哈佛商学院的波特教授于 1990 年在《国家竞争优势》中提出"产业集群"。他在 2001 年研究了加利福尼亚葡萄酒产业集群,其包括农业集群、旅游业集群、食品业集群等。其中,农业集群的行为主体有州政府经济部门、葡萄园、葡萄酒加工厂、商业酿酒商和农场主,以及教育科研机构和贸易组织等。

2010 年,联合国粮农组织(FAO)的一篇论文认为,农业本应是可持续增长潜力最大的部门,但从业人员却普遍处在严重的贫困之中。大多数农民和从事农产品加工的小业主只会出售无差异的产品,这种传统的交易经不起市场的波动,难以创造更大的价值。该论文基于波特教授的产业集群定义,提倡发展中国家培育农业集群(Agri-based Cluster 或 Agricultural Cluster),以期在全球化经济中保持竞争力。农业集群需要组成价值网络(Value Network),即构建农业生产者、原材料供应商、加工商、出口商、品牌商和零售商之间的纵向关系,农业合作社或企业联盟等生产者之间的横向关系,以及农业生产者与地方政府、研究机构、大学和非政府的生产服务组织之间的关系。

河南大学的李二玲教授经过多年的调研后提出,农业集群是生产和加工农产品的企业(或企业化经营农户、家庭农场)与其他相关的企业和机构(如农业流通企业、销售服务企业、原料和设备供应商、研发中心、检测中心、大学、培训机构、中介机构等)在地理上集聚和紧密关联所建立的价值网络。

农业集群的形成是农业社会深刻变革的结果

农业集群的形成反映了农业区域的专业化和生产规模化,这是伴随着农业生产组织变革、农业技术进步、新农人投身农业、新农村建设等农业社会的深刻变革而发生的。政府顺势而为,大力提倡并在全国范围内推动农业集群的培育,具有很大的战略意义。

从具备企业家精神的先导农户到初创企业,再到新型农业经营主体,农业生产组织不断地演进。生产同类或互补产品的新型农业经营主体与政府部门、科教机构、行业协会等支持性组织通力合作,研发新产品,开拓新市场,这就可能逐渐形成嵌入本地社会关系的农业集群。这是一场农业生产组织的深刻变革,传统的小农经济是没有产业集群的,产业集群至少是由农业公司或专业合作社构成的。

例如,山东省济宁市金乡县崔口村是金乡大蒜产业集群的起源地。三十多年前,村党支部和村委会带头推广大蒜种植,将860余亩集体土地作价入股,村民人人持股,成立了110余家企业,集研发、种植、收购、冷藏、加工、出口于一体。崔口村为全县发展大蒜种植和深加工产业作出了示范。如今,金乡县成立了大蒜产业集团和大蒜种植协会,建立了大蒜产业检测检验平台,获得了山东省大蒜工程技术研究中心、山东省农科院、中国农科院等研究机构的支持,并与海尔卡奥斯工业互联网平台进行了合作,让全县1000多家蒜农和蒜商实现了产需对接,使大蒜农业集群得到了迅速的发展。

农业集群的培育需要选择特色产品并推进产业联系

农业集群的培育需要选择特色的产品。发展农业集群有助于解决农产品同质化的问题和区域无序竞争的问题。波特教授强调,特色产业的企业在个别地方的群聚能够获得独特的竞争优势。意大利学者贝卡蒂尼（G. Becattini）进一步研究了马歇尔在1898年提出的产业区概念,强调企业家和嵌入地方社会文化的创新氛围的重要作用。曾任日本大分县知事的平松守彦于1979年在该县发起"一村一品"运动,提倡创造具有地方文化特色、在国内外市场上有竞争力的产品。"一村一品"与上述两个产业集群学派（波特的产业集群和贝卡蒂尼的产业区）的理念是一致的。

农业集群的培育需要推进产业联系。联合国粮农组织的报告提出,农业集群是纵横交错的"价值网络"。通俗地说,所谓"纵"就是贯通"产加销服",使研发、生产、加工、储运、销售、服务等一体化。所谓"横"就是融合"农文旅教",基于特色农业发展文化创意、乡村旅游等产业。农业集群的培育可以与"打造"特色小镇联系起来。在日本提倡特色小镇（"造村运动"）时,平松守彦认为只有把农村建设成为强磁场,才能吸引人口,而磁场的吸引力在于产业。为此,大分县设立了农业技术中心、畜产试验场、水产物加工综合指导中心、海洋水产研究中心、产业科学技术中心等,开发出农特产品以及音乐节、雕刻展等很多旅游产品。

例如,浙江杭州萧山区临浦镇横一村环境优美,山水林田湖齐全,盛产柿子,于是,该村选择了"绿色+农文旅"

的发展途径。萧山区供销社承包了山林和农田，引入了杭州众安文旅等企业，已有12家农户开起了民宿旅店和餐饮店。该村成功发展了乡村旅游，同时通过农田"非粮化"整治，保证了农田面积和粮食生产。陕西省咸阳市礼泉县烟霞镇袁家村在生产菜籽、玉米、大豆、红薯、辣椒等农产品的基础上，对弦板腔皮影戏、木版年画、剪纸等民俗文化，以及烙面等关中美食进行再开发，并在村支书带头逐家逐户动员和培训的基础上，发展了旅游产业。该村使用传统的灶台、风箱等，用传统工艺制作面粉、豆腐，将作坊改制为股份合作社，让村民参股，以实现共赢。

培育农业集群需要多个行业的企业近距离合作

产业集群是跨行业的空间组织，需要多个行业的企业近距离合作，并在专业化基础上发展多样化，这一点尚未得到公众的真正理解。具体到一个市、县或乡镇，需要认识到哪些是相关的产业（或行业）、哪些是看起来不相关但实际上有可能发生关联的产业（或行业）。也就是说，在培育产业集群时，要把一个地方的多个行业部门尽可能多地联系起来进行思考。例如，日本大分县的农牧渔业和音乐产业，我国袁家村的皮影戏和关中美食等，都不属于一个行业，但它们都属于农业集群或旅游产业集群。

从复杂技术系统来看，农业技术与生物医药技术相关。生物技术最早就是基于动植物育种的传统技术，从使用酵母制作面包、啤酒、葡萄酒和奶酪的方法发展起来的。因此，在农业技术高度发达的地方，可能会形成生物医药产业集群。例如，芬兰的图尔库在该国科技创新计划的支持下，通过在食品加工、制药和材料科学等领域数十年的积累，兴起了生物技术产业集群，其包括制造商、服务商、实验室、大学、包装公司等。其他的相关产业包括可用于预防疾病或增强健康的功能性食品及其服务行业，以及医药诊断、医疗家具、生物材料、植入物和远程医疗等。

培育农业集群离不开学科交叉和产业融合

新农人在农业集群的发展中大有可为。广义的农业包括种植业、畜牧业、林果业、渔业、设施农业、农产品初加工业等，还与农业设备制造业及农业服务业（如农业物联网）等相关。中国各地的特色农产品很多，例如山东寿光蔬菜、甘肃定西马铃薯、宁夏中宁枸杞、河南漯河肉类、浙江安吉竹子、砀山水果、亳州中药材、六安大别山茶叶、巢湖水产品、芜湖大米、铜陵生姜、宁国核桃、黄山茶叶、桐城羽绒等。这些特色农业离不开高新技术的发展，以及学科交叉和产业融合。例如，智慧农业的规模种植、规范采摘、标准分拣、统一出售的过程，涉及电子信息、生物工程、机械、材料等多个领域的技术。

江西省南昌市等多个城市已经出现了智慧农业、中央厨房、基地直供、网络直销、农产品电商、会员农业、休闲康养、创意农业、农产品保鲜和冷链物流等农业新业态，并构建了特色农业集群。粤港澳大湾区菜篮子基地和广东现代农业产业园正在发展以"预制菜"为特色的中央厨房，实施以工业化促进农产品食品化工程，推动农业集群和食品产业集群共同发展。2021年10月16日，第六届中国国际食品及配料博览会开幕。11月19日，广东省预制菜产业发展大会——现代农业与食品战略性支柱产业集群工作交流会举行，水产业、种植业、冷链物流业等相关行业的企业、科研机构、金融机构已开展实质性的合作。

农业集群的发展有机地融合了农业、工业和服务业，是提高农业竞争力和实现乡村振兴的有效途径。"无工不富"，但并不等于离开农业去搞工业。从"一产"到"二产"，再到"三产"的产业升级,也并非离开第一产业去搞第二产业和第三产业。在农业农村部和财政部的支持下,在地方政府、企业家、新农人、科教工作者的共同努力下,中国的农业发展前景十分广阔。随着农业集群的不断培育和升级,一批普通村落将转型为充满创新活力、邻里和谐、共同富裕的乡村社区。

（本文发表于 2021 年 12 月 23 日）

产业融合为什么很重要

2023年4月，一位博士生来信和我探讨产业融合，因为产业融合已经成为我国媒体上的热词——制造业与服务业融合（服务型制造）、文化产业和旅游产业融合、文化产业与制造业融合、农业和旅游产业融合、乡村振兴中的一二三产融合，以及"体育+旅游""体育+文化""体育+教育""体育+养老"等。一些省市正在部署战略性新兴产业跨界融合。

什么是产业融合？它为什么越来越重要？我开始进行思考。

1995年，我在加拿大访问期间阅读了不少关于创新网络的文献，记得有本书的第一句话就是"Another book on network?"那时，发达国家的企业纷纷跨界，地方网络组织兴盛。1996年，我指导的第一篇博士论文是以区域创新网络为主题的。1997年2月，我应邀考察日本筑波科学城时，第一个参观点是产业融合研究所，它是个虚拟机构，在有研究任务时才把不同专业的人叫来，这个研究所给了我很深的印象。

我过去在研究和教学中经常提到学科交叉和产业融合。2001年，我在《创新的空间》一书中写了产业融合。两年前，我在《探索产业区位》这本科普读物中，设计了"数字驱动的产业跨界和区位"一章，并举了不少案例。在2022年12月举行的第21届"产业集群与区域发展"学术会议上，我以"产业集群是跨产业的概念"为题做了主旨发言。2023年2月，我在"人教开讲啦"课堂上用产业跨界的思维对产业区位进行了讲解。虽然我对此的认识还不足,调研还不够,但仍想把对产业融合问题的思考梳理一下,以抛砖引玉。

产业融合是大势所趋

过去不相关的技术和不相关的行业部门之间构建新的联系,进行产业融合,会激发创新,甚至激发重大的颠覆性创新。很多高新技术是由原有技术重塑而成的,很多技术创新都发生在行业边界。新兴产业在原有产业的跨界融合中产生。

产业融合并非新现象,但其因数字化驱动而大大加速,新兴产业不断出现。新的竞争对手正在产业跨界创新的敏捷性、灵活性等方面发力。行业边界逐渐模糊并变得不再重要,竞争存在于任何地方。例如,苹果的智能手机将诺基亚从市场领先的位置上推下;任天堂用新型传感器技术——加速器和红外成像,将体感动作引入视频游戏,索尼和微软被迫跟随。

汽车与信息通信技术的交叉融合,萌生了智能网联电动汽车产业。特斯拉等电动车企入场,丰田、ABB 等传统巨头转型,苹果、华为、百度、小米等科技企业入场,这带动了传统整车和零部件产品的更迭,使车载操作系统、车载通信设备等应用层面的新兴行业成长。信息通信行业和汽车行业已经融合,内置了信息通信设备的汽车成为了"车轮上的智能手机"。

数字技术与影视创作融合。电脑合成影像和图像技术的发明和应用提高了特效制作的效率,使连续的影视工业流程转变为并行的流程。视觉特效制作前期、中期和后期的一系列专业化企业或艺术家可以同时处理同一项目的不同部分。例如,好莱坞的一个大型项目会有不下 10 个团队和工作室同时参与。复杂的数字内容产业需要不同年龄、不同性别和不同行业领域的人一起工作,实现多个企业的协作创新。

随着产业融合的可能性增加,各行业部门受到颠覆的可能性也将增加。融合的速度有多快?效果如何?2020年出版的《未来比你想象的更快》(*The Future Is Faster Than You Think*)一书的作者彼得·迪亚曼迪斯(Peter Diamandis)和史蒂文·科特勒(Steven Kotler)分析,人工智能、云计算、虚拟现实、纳米技术、3D打印、区块链等前沿技术将迅速进步,未来10年这些技术的融合将在交通、零售、广告、教育、健康、娱乐、食品和金融等方方面面改变社会生活,将人类带入未知的领域。

技术交叉是产业融合的前提

新一代信息技术、人工智能、生物技术、新能源、新材料、高端装备、绿色环保等多种战略性新兴产业的融合来源于不同技术的交叉融合。欲理解产业融合的趋势,需要了解技术交叉的趋势。例如,合成生物技术是生物学与工程学、信息学、材料学等多学科交叉融合的新兴技术,其广泛应用于生物制造、生物医药、农业、食品、环保、能源和新材料等多个领域。阿里巴巴达摩院将"技术交叉融合"作为2023十大科技趋势的关键词。

获得诺贝尔自然科学奖的数百项成果中有近半数是学科交叉融合取得的。各个行业、学科和业务不再是孤岛,强化学科交叉融合成为必然趋势。日本筑波大学开创了"学群制",通过融合相关学科,建成了"社会工程学"等交叉学科和新兴学科,促使筑波科学城的产业多元化,竞争力增强。我国的一些大学也创立了跨学科机构,开展了探索性的工作;我国的一些城市已开始培养既懂产业又懂数字化的复合型人才,并建有实训基地。

产业融合具有多方面的意义

通过产业融合，企业可以提供差异化的产品和服务、改善客户体验、提高效率等。制造商正在生产更多的定制产品，进行大规模的组装，并使用数控机床精确制作独特的组件。我注意到尚品宅配这家 2004 年创立的企业基于数字技术，从个性化家具定制领域转向装修行业领域，通过消费互联网汇集用户数据，以数据驱动产品研发，实现新零售和新制造的融合，确保更高的敏捷性、灵活性和创新率。

人工智能与很多行业融合都可以使流程更加灵活并有更强的适应性。例如，智慧城市的设计和运营需要建筑师、土木工程师、设计师、制造商、承包商、分包商和业主之间的协作，将数据和工作流程进行融合。数字孪生具有很强的实用意义，可以帮助他们管理大量有价值的数据，使智慧城市的基础设施满足未来的需求。

产业集群与产业融合的关系

产业集群与产业融合是什么关系？这要从 20 世纪 80 年代中期的内生增长理论、创新研究与内生区域发展理论谈起。这些理论提出，当代的技术创新并非单个企业内从发明家萌发新想法到产品创新的线性过程。越来越复杂的高技术产品需要产业融合和交叉创新，创新的活力来源于地方创新文化中蕴涵的企业家精神，以及有利于相关企业竞争和合作的制度和社会网络。

信息技术的潮流席卷全世界，自 20 世纪 80 年代末开始，基于知识产权保护法规和诚信公德的产业集群受到了学界、商界和政界的重视。这类主要存在于发达国家的产业集群可以促进产业融合，是产业融合的"发生器"和"增效器"。21 世纪初，为集群的创新活动提供政策支持的经验从发达国家扩展到发展中国家，我国也制定了培育创新型产业集群、先进制造业集群和战略性新兴产业集群的相关政策。理论上，在这类集群中，地理邻近且持有共同价值观的创新型行为主体之间的互动合作，可以促进技术创新。不过，当集群中某些约定俗成的贸易关系和非贸易关系未能满足技术创新的需求时，就需要进行制度创新，以培育新型的关系。通过产学研合作和知识交流，才能真正促进学科交叉、产业融合，提高技术创新能力，使新产业和新产品不断出现。只有这类集群才可称为创新集群。

当下，发达国家创新集群的创新过程可以导致激进或颠覆性的创新，而不只是持续或渐进的创新。理解这类最高端的创新集群，关键是了解那些直接或间接参与创新集群的企业和机构之间是如何互动并有效地协同工作的。它们在寻求创新机会方面有微妙的默契，依靠非正式接触（社会学称之为"弱联系"）和经验学习，而不是只靠复杂的正式合同和明确的文件。

国外的最新研究表明，虽然地理邻近仍然至关重要，但远距离共享关系和资源的非正式网络与创新集群绑在了一起。虚拟社区的亲密程度越来越高，出现了所谓的"超级集群"，美国硅谷和以色列创新集群的密切合作是超级集群的典型案例。

我对中国当前的产业融合的看法

在中国诸多的行业部门都出现了随处可见的产业融合现象。不过，笼统地提"战略性新兴产业与现代服务业融合"似乎在逻辑上很不严谨，因为前者的一些企业（例如第三方软件服务、互联网平台、"产业大脑"、虚拟现实技术、"新物流"等相关的企业）本身就属于生产服务业与消费服务业。另外，尽管产业融合需要由用户驱动，也就是需要应用场景，但是还需要用户的支持。据了解，当前我国的医生尚未很好地协助人工智能企业提供高质量的标注数据，这制约了智慧医疗的发展。

在充满不确定性的国际局势下，中国正加快实施创新驱动发展战略。地方政府纷纷出台政策，例如，深圳出台了《关于发展壮大战略性新兴产业集群和培育发展未来产业的意见》，提出要发展20个战略性新兴产业集群，布局8大未来产业。在我国的先进制造业集群和战略性新兴产业集群中，产业融合的情况已经比较普遍，相关的制度创新（例如成立了各类联合体和服务平台组织）也不少，我希望可以对那些经验进行总结并加以提升。另外，产业园区或新城并非仅仅是装载商业主体的地理容器，更应是使企业和相关机构形成协同、使某些产业发生融合的场所。所以，在城市的规划和建设中，可以适当地打造促进产业融合的公共空间。

（本文发表于2023年4月18日）

谈谈产业园区和创新集群的区别

产业集聚是区域研究的永恒主题。依靠外力还是依靠内力？自上而下还是自下而上？房地产驱动还是创新驱动？本文试图从产业园区和创新集群的区别来探讨这些问题。

1985年，我到加拿大麦吉尔大学地理系进修。导师布拉德伯里（J. Bradbury）去英国斯旺西参加产业园区会议后回到蒙特利尔，带给我一本园区画册，还登上皇家山给我指点工业园区。他说园区最重要的是能吸引足够多的企业，"Attractive"是我印象最深的词。我阅读了大量关于产业园区的文献，跟踪有关深圳特区的国际讨论，并于1986年与导师合作发表了英文论文 The Changing Industrial Geography of the Chinese Special Economic Zones。

1992年正值"开发区热"，当时，我正在教工业地理课，带了一班北大学生去北京黄苑大酒店参观海淀区的开发区展览。满墙色彩斑斓的开发区规划图展示了五道口开发区、西二旗开发区、西三旗开发区等，不过各开发区产业功能区的划分大致雷同。一个周末，我跟着某民营咨询机构的负责人去京郊的一个开发区，他召集正在钓鱼和下棋的开发区领导开会，大谈"猫论"。当年，我还去过位于广东阳江海陵岛在建的市级高新区，那里停电时要启用柴油发电机。我还在网上看到过某个省级开发区"红地毯 低门槛 你发财 我发展"的标语。

中国各种园区的"筑巢引凤"持续了三十多年。由于依赖土地经营和优惠措施而对产业发展缺乏有效的调控，以及"条块分割"等原因，园区存在数量过多且分散、开发面积大、产业缺乏特色等问题,甚至滋生了腐败。近十几年来,园区规划普遍有促进产业集聚和发展产业集群的愿景。

产业园区的来龙去脉

产业园区是一种由政府或企业为实现经济增长或技术创新的目标而创立的有地理边界的区位环境,可大体分为工业园区和科技园区两类。解释工业园区的理论是发源于20世纪50年代的增长极理论,它假定将推动性产业活动引入一个地方就会发生循环积累效应,使该地获得经济增长并扩展到周边地区。解释科技园区的理论是发源于20世纪80年代末的产业集群理论,这种产业集群后来被称为创新集群(本文不讨论广义的低端产业集群)。产业创新取决于创新型的企业家,以及企业之间、产学研之间关系的质量、强度及其网络结构。创新集群是创新行为主体合作的网络,是促进技术创新的产业社区。

发展中国家的产业园区与国际贸易紧密联系。1959年,爱尔兰香农机场附近建立了世界上第一个出口加工区,联合国工业发展组织(UNIDO)倡议推广香农出口加工区的经验。20世纪60年代开始,在美国、日本和西欧所影响的地区,例如中美洲地区、东南亚地区、中东地区和非洲,出现了很多出口加工区。后来,印尼、孟加拉国、斯里兰卡所设立的出口加工区和我国的深圳、珠海、汕头、厦门经济特区被有些学者看作亚洲第二代出口加工区。

数十年以后,发展中国家的出口导向园区逐渐升级,与国内经济的联系增强。随着本地供应商技能的积累和产学研网络的形成,以及生产者服务业的发展,一些工业园区向科技园区过渡。爱尔兰香农出口加工区培育了本地企业,发展了知识网络;中国深圳等城市的园区也显现了这样的升级过程。而单纯依赖低成本优势并以房地产驱动的园区面临产业空心化的压力,建设和运营此类园区的风险正在增加。

发达国家的工业园区最初定义为在兴建工厂之前所提供的一组适用的工业建筑,辅之以基础设施和绿色空间。这些园区在各国的称谓不同,如美国的工业园区、英国的企业区(又译为企业特区)和日本的工业团地。一些自由布局型企业对优美的绿色空间的需求,以及高速公路和运输工具不断的发展,这些因素促成了工业园区的发展,并有助于解决内城居住区和工业区混杂、交通拥挤、犯罪等所造成的社会问题。1981年,英国政府在伦敦金丝雀码头设立了企业特区,为企业提供经营便利。

产业园区的实质是产业地产,它是产业的载体,是对企业的长期承诺。产业园区为企业预留可租或可售的灵活空间,提供公共道路和排污设施等,以便于统一管理和连续工作。例如,在加拿大卡尔加里东南部有一个10公顷的工业园区(大平原工业园),园区网站有租赁手册、场地平面图、建筑物名称、可用面积和可用时间等信息。

发达国家的科技园区是在工业园区的基础上发展起来的。当发展的动力从外力驱动转向创新驱动之后,一些工业园更名为科学园,如美国的斯坦福研究园(Stanford Research Park)和加拿大的舍瑞顿科技园(Sheridan Science and Technology Park)。发达国家于20世纪70年代至90年代相继在城郊建设科技园区。自21世纪以来,城市规划越来越重视发展城市内部的创新街区(Innovation District),以促进协作和知识共享,并为企业家和初创公司提供加速器与孵化器环境。

园区和集群被混淆而出现的很多问题

产业园区和创新集群的概念相交而不重叠,虽然这两者都是产业集聚,但二者的理念不同。前者只强调经济增长,园区内的企业因共享基础设施而降低生产成本,但不一定有投入产出联系。后者则重视技术创新和社会发展,通过地理邻近的创新性企业互动甚至跨界合作来降低交易成本,在诚信的学习氛围中实现技术创新。有一些科技园区不仅能为企业提供办公场所,也能为企业提供实验设备的租赁和共享服务,并增强企业之间的互动和跨界合作,这些行动可以为创新集群的形成创造条件。

在中国之所以会出现园区和集群混为一谈的情况,是因为产业集群被理解为一般的产业集聚(企业在地理上邻近)的区域。开发商往往将"产业集群"作为土地开发的由头,使房地产业、制造业和新兴产业交织在一起。有的地方政府仍在采用压低地价、提供补贴等办法拉企业、拉项目。有的企业则以低价拿地、拿补贴的逻辑在投资。这些行动都与创新集群的真谛背道而驰。须知,园区开发后可能吸引不了足够多的好企业,即使有企业投资,但无法形成创新集群,园区也很难保证健康、可持续的发展。

中国的产业园区在创造经济奇迹方面起了重要作用,为发展中国家提供了经验。不过,由于园区种类繁多,有政府园区和企业园区之分,有综合园区和专业园区之分,有行业特色园区和行业细分领域的特色园区之分,再加上有些城市"一区多园"的管理模式(例如中关村科技园区包括管理体制和盈利方式不尽相同的 16 个园区),这些因素使得园区现象不仅十分复杂,还存在着很多盘根错节的问题。

我在观察和调研中看到的几种情况

很多地方政府曾经将园区建设作为追求 GDP 的"抓手"和形象工程,往往自上而下地规划园区数量。例如,贵州省于 2013 年开始实施的 100 个产业园区成长工程计划投资 2370 亿元,目标是到 2017 年实现规上工业总产值 11000 亿元。尽管全国有不计其数的专业招商人员，且他们积累了不少招商经验，但在市场环境尚未成熟之际，以规划带动需求而兴建园区的方式有很大的风险。一些园区不具备为企业服务的能力，不注重入驻企业内力的培育，导致成本高而收益低，陷入了土地荒废、债务高筑的困境。

很多地方都是先有产业集聚，后建园区。例如，吉林省辽源市原有一些袜业企业，它们与浙江诸暨和义乌的袜业联系密切，2005年，东北袜业园区设立。后来，袜业扩散到辽阳市小北河镇。从全国来看，不少企业并不在规划的专业园区内。例如，东莞厚街建有"世界鞋业总部基地"，但由于各种原因，东莞市的大部分鞋企却在该基地之外。再如，国家级高新技术产业开发区宜兴环保科技工业园（环科园）设立于1992年，但当地的很多环保设备企业却游离在外，并集聚在高塍镇。因此，环科园多次扩展，除管理3个社区和10余个村镇外，特别将高塍镇划归环科园管理。

虽然我37年前就关注园区，但33年来我一直研究产业集群，重点关注有促进技术创新潜力的集群，例如工业和信息化部评选的先进制造业集群。从空间范围来看，先进制造业集群的企业往往不是在单个园区内的。例如，深圳先进电池材料集群的企业分散在南山区、宝安区、光明区、坪山区、大鹏新区的企业园或厂区。再如，合肥智能语音先进制造业集群则是围绕中国科大和科大讯飞，以合肥高新区为核心，其规划扩展到合肥经开区、蜀山区、庐阳区、长丰县，甚至芜湖、蚌埠等市。苏州纳米材料先进制造业集群则以独墅湖科教城和苏州纳米城所在的苏州工业园区为主要载体。

如何促进创新集群的形成，是园区管委会面临的挑战。我曾经在讲座中将园区和集群比喻为土地和人群，并做过这样的两个动画：在一块地上盖房子，加上水、电、路，这是园区；有企业和协会等机构的节点及其连线的动态网络，这是集群。我对听众说：把教室当作园区，你们这些企业之间可能不合作，或者只和外面的企业交朋友；而教室外面有一群人，他们之间是好朋友，经常交流思想，那叫集群，但他们不一定需要教室。

园区和集群的治理方式完全不同。中国有些大型产业园区演变成了行政区，设有党工委、管委会等机构，并建立了开发和管理园区的集团公司。创新集群一般以行业协会等促进行为主体合作的机构为核心。由管委会掌控的园区如何促进创新集群的形成是重要的课题。

培育创新集群不一定需要产业园区，建设产业园区不一定能培养创新集群。为了将园区建成科技强、产业优、人气旺、环境美、发展快的区域，需要有长远的观点，真抓实干推动创新集群的发展，还需要强调创业、创造力和企业家精神，加强行为主体之间的联系，整合资源。创新集群是建立在知识产权保护等制度及企业互信和联系的基础上的，为此，需要进行制度创新，这对于管理体制尚未理顺的、以GDP为目标的产业园区来说是个很大的挑战。

（本文发表于2023年4月27日）

下 篇

从案例出发思考创新驱动区域发展

产业园区发展的真正动力是什么
——以坪山、缙云和阜南为例

招商引资和产业地产建设的浪潮一波接着一波。繁缛的计划书、超厚的规划文本和鲜丽的规划图,往往把人带入理想的境界。然而,对于拟建的特定园区来说,其现实的基础,以及发展的初衷、使命和愿景却不一定很清晰。在圈地、招标、施工之时,可能还来不及深思产业园区未来发展的动力从哪里来的问题。

但凡成功的已建园区,都存在良好的企业家氛围（Entrepreneur Climate）。在那里,企业不断地创立和发展,连地方政府都是作为制度创业者和创新者而存在的,官员也具有敢想敢试的企业家精神。无论土地如何改变,企业家始终是经济稳定的根基。打造产业园区的愿景应该是,本土创新型企业家不断涌现,并且薪火相传。

一些产业园区是引进外资形成的。资本、技术和管理方面强势的外资企业与相对弱小的本土企业既是合作伙伴,又是竞争对手。前者会瓦解当地自主创新的动力,但又必须与后者合作,使后者获得学习的机会。在市场化的产业园区,本土企业在政府和创新平台的支持下,提高学习能力和创新能力,会自然地得到外资企业溢出的部分技术。本土企业通过持续的研发投入,会逐渐走上自主创新之路,甚至攻克关键技术难题,超越外资企业的技术水平。因此,园区应该是使相关企业发生协同效应的场所。

在无数个不同类型的园区中,这里挑选了3个案例,初步研究园区发展的动力问题。

深圳国家高新区坪山园区

深圳国家高新区坪山园区明确了它的使命，突出了"创新药、智能车、中国芯"产业。其基础是：比亚迪总部在此，另有300多家新能源汽车和智能网联公司落户此地；中芯国际集成电路项目将启动；另外有1000多家新一代信息技术企业落户此地；而最亮眼的是这些年生物产业突飞猛进的发展，660多家生物医药企业落户此地，仅在3.6公里长的BT（Bio Technology）大道上就有100多家，这使得坪山从深圳生物产业的边缘区变为核心区。20多年前，从深圳机场去坪山的汽车要走两小时，那时坪山只有30多家生物医药工厂，包括深圳微芯生物和瀚宇药业等创新型生物医药企业的生产工厂和法国赛诺菲集团的流感疫苗工厂。

什么力量推动着坪山园区如此迅猛发展？是坪山区政府的体制创新和创新型企业的创立。坪山在技术创新、法治建设、基层治理、文化建设等各领域进行了政策的先行先试，陆续出台了培植初创型、成长型企业的一揽子政策，建立了很多创新平台，例如正在新建实行"医教研产"机制的医学科学院。

丽水经开区和丽缙高新区

在浙江，过去被认为山多田少、穷山恶水、位置偏远的丽水市，其经开区不但孵化出浙江维康药业、浙江五养堂药业等本土企业，还吸引了多家新药研发企业落地。位于省级高新区丽缙高新区的丽缙五金科技产业园成为中性硼硅玻管和注射剂容器供应基地，在抗击新冠疫情中发挥了重要作用。世界500强企业德国肖特集团2011年与浙江新康药用玻璃有限公司（简称新康公司）合资建厂，8年之后独资创建 FIOLAX®玻管工厂，并于2020年11月投产。

制造疫苗注射剂玻璃容器的玻管生产环节和容器生产环节在地理上可以分离，玻管可大批量远距离地运输到注射剂容器厂，并按需求被加工成容器。不过，玻管工厂和注射剂容器工厂邻近，有利于快速批量地生产注射剂容器，并减少运输成本。肖特集团把最先进的医用玻管窑炉技术用于缙云县的工厂，除了考虑当地良好的自然条件和营商环境，更重要的原因是其靠近下游企业，即1987年在壶镇成立的新康公司，它曾经是进口肖特中性硼硅玻管最多、生产注射剂容器的本土企业。

丽水经开区和丽缙高新区发展的动力是什么？是丽水市孵化本土创新型企业的环境。如果没有新康公司，就不可能吸引肖特集团建厂。

阜南经开区

在安徽，著名的劳务输出大县阜南县抓住了产业转移的机遇，发展了经开区。2014年，我调研时发现阜南经开区的发展势头很好。它引进了利用杨木资源的林木加工企业、利用劳动力资源的灯具企业（从中山转来）和服装企业（从广州转来）等，这些企业之间建立了生产联系。图 2 所示分析了当时阜南经开区林木加工相关企业之间的生产联系。后来，该经开区被评为中国最佳投资环境工业园区，入驻企业非常多，包括韩国特立电子、中国杉杉集团等知名企业。2021年2月9日，"掌上阜南"微信公众号发布的阜南经开区2021年度新增用工计划汇总表详细列出了4450个岗位。

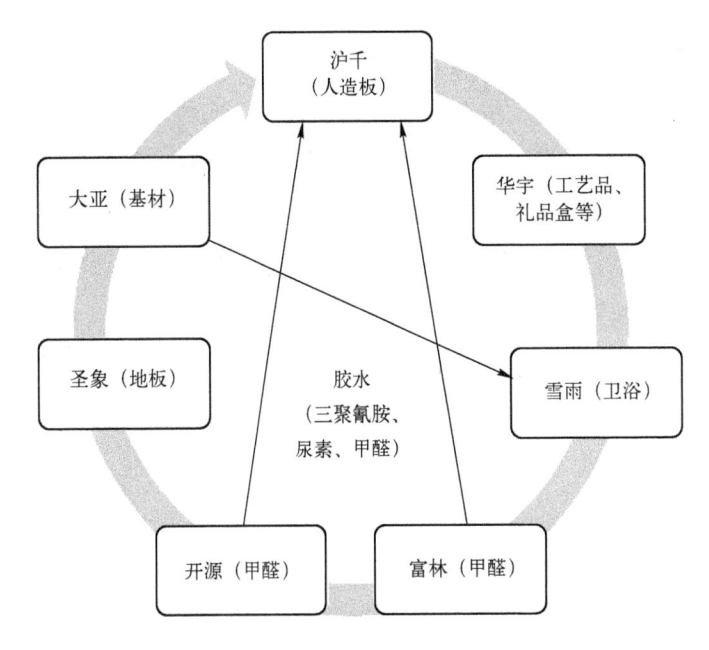

图 2　阜南经开区林木加工相关企业之间的生产联系（2014 年）

阜南经开区发展的动力从何而来？来自经开区创业环境的优化、相关产业的集聚，以及阜南人的聪明才智和吃苦耐劳的创业精神。阜南县数十万的在外务工者多分布在珠三角和长三角地区，仅东莞市就曾有 10 万人，其中不少已经成长为企业家。县政府 2003 年开始持续推进"凤还巢"工程，深入多省阜南人聚居的区域开展了深入细致的招商活动。阜南县青年创业者协会也为县内外创业者组织培训、学习交流、参观考察等活动。在卫浴洁具产业领域，返乡创业企业的集聚效应非常显著，例如，杭州萧山区党山镇的阜南籍卫浴企业员工集体返乡创业，温州市梅头镇的阜南籍洁具企业老板返乡创业等。他们在阜南经开区抱团发展。现在，在很多行业，阜南人返乡创业和就业已蔚然成风。

在名目多样的产业园区中，我特别关注了一个小类——返乡创业园区。

江西省是鞋业的创业者、设计师和熟练工的输出地。2005 年，宜春市上高县吸引了宝成国际集团旗下的裕盛公司投资建厂，这就是因为该公司了解到在东莞有数千名制鞋工人来自上高县。我在上高县曾看到鞋厂的停车场有大量的摩托车，可以想象从东莞招工回乡的工人们骑车早出晚归的情形。在鞋业调研会上我听到，回乡后就可以"早见公婆晚见夫"了。会后还有一位上高人问我："我是在东莞创业，做鞋业配套的，现在回乡投资合适吗？"

据报道，目前在重庆、四川、贵州、安徽、江西、山东、河南等省市的农业县都建了不少返乡创业园。2020年11月，农业农村部等7部门印发了《关于推进返乡入乡创业园建设 提升农村创业创新水平的意见》，鼓励建设返乡入乡创业园，带动农民工就地就近就业。这使我想起1995年美国学者针对加拿大创业情况的一份调研报告，该报告对所研究的创业者界定了三个标准，即自己当老板（Self-employment）、雇佣3个除家人以外的加拿大人、有25万加元的资产。那年我了解到加拿大发展最快的100个企业，有生产浴液的、生产坐便器的、生产水泵的，还有提供马术服务的。

创业是一种地方现象，新企业往往诞生在创业者成长和生活的地方。企业家能力也不可能像信息那样很快地从一地传到另一地。企业家的空间分布极不均衡。根据《2020年全球创业生态报告》，74%的创业经济集中在全球前10名的城市中。凡是经济欠发达的地方，肯定有创业者不足的问题。政策不能创造企业家，而增加企业家数量的政策重点在于创造良好的企业家氛围，它涉及社会的价值观。地方政府的税收、法规、人才等政策都会影响企业家的数量和能力。地方政府可以通过对本地教育进行长期投资，来提高企业家的能力；通过提供风险资本，来鼓励企业家留在本地；通过建立孵化器设施，来降低创业的难度；通过举办技术沙龙，来加强企业家之间的交流与互动。

城市和区域发展的标志之一是创新型企业不断创立，有竞争力的企业家不断出现。如何打开区位机会的窗口，从而涌现出企业家群体，这不仅取决于创业园、孵化器的硬件设施和政府鼓励创业的号召，而且还取决于地方的企业家氛围、对本地技术人才和管理人才的培训，以及该地政府对创业和创新的重视和支持。成熟的企业常常衍生出新企业，它们开辟的市场往往是老企业所忽略的市场。

有无足够的本土企业家是园区创新发展和永续经营的根本问题。尽管园区能在一个时期内解决就业、提升产值、促进城镇建设，但从长期来看，园区仍可能会衰退或停滞。为此，需要明确创新驱动的政策方向：既引资，又不依赖外资；既利用国际资源，又不忘增强内力。只有通过制度创新和营造创业生态环境，才能使园区逐渐发展成为自主创新的学习型区域，避免落入对外依附性园区的陷阱。

（本文发表于2021年3月8日）

生物医药园区和培育创新集群的问题
——以医疗器械产业为例

中国巨大的市场吸引了世界各地跨国公司的投资。早在国家"八六三计划"建议提出和"火炬计划"高新区初建时,高技术跨国公司已纷至沓来。生物医药领域的各大跨国药企,如罗氏、强生、辉瑞、拜耳、诺和诺德、赛诺菲、阿斯利康等,纷纷在中国投资建厂、建立地区总部和研发中心,以角逐基层市场。上海张江、北京亦庄、苏州金鸡湖畔等地成为跨国药企投资的首选之地。随着制药业分工的深化,药明康德等从事合同研发外包服务的中小企业在中国迅速地成长起来。

新药开发需要学科交叉、产业融合和"产学研医用"合作。搜寻这些跨国药企的来源地会发现,相关的企业与大学、科研院所、医院、金融机构和知识产权服务机构等之间存在地理上邻近的现象。例如,瑞士的巴塞尔集聚了诺华、罗氏、先正达、龙沙等跨国药企和成长型企业,以及巴塞尔大学、苏黎世大学、苏黎世联邦理工学院和瑞士证券交易所。对于诺华和罗氏这种在特定领域拥有非凡竞争力的企业来说,巴塞尔是它们在全球获得竞争优势的母国基地(Home Base);对于生物医药产业来说,巴塞尔有创新集群(Innovation Cluster),哈佛商学院的波特(M. Porter)教授将这类集群比作"核爆中心"(Critical Mass),产业竞争力是从那里爆发出来的。

全球的生物医药创新集群分布在亚洲的日本和新加坡;欧洲的比利时布鲁塞尔,法国巴黎,德国慕尼黑,爱尔兰都柏林，瑞典斯德哥尔摩，英国牛津、剑桥、爱丁堡；北美洲的加拿大蒙特利尔、多伦多，美国波士顿、纽约—北新泽西、费城—威尔明顿—大西洋城、巴尔的摩—华盛顿、北卡三角科技园、洛杉矶、旧金山湾、圣地亚哥、西雅图—塔科马等地。

在这些创新集群中，知识产权服务、技术转让、风险投资等相关的机构密集，大学、公共研究机构、大型跨国药企与专注某一领域的生物技术公司相互合作。2007年，关于美国首都地区的一项研究发现，小额度的公共投资支持了以基础研究为源头的"产学研医用"互动，激励了创业，促进了生物技术和信息技术等的跨界融合。

生物医药的全球知识网络也很重要。研究表明，德国汉堡的生物医药研发活动与苏黎世、巴塞尔、伦敦、牛津、纽约、圣地亚哥、旧金山、波士顿等城市都有联系。跨国合作创新的典范还有丹麦—瑞典的医谷（Medicon Valley）、法国—德国—瑞士的生物谷（BioValley）、德国—比利时—荷兰—丹麦生命科学中心战略联盟（BioRN）及其下属的由海德堡、鲁文、马斯特里赫特和哥本哈根组成的欧洲健康轴心组织（HAE）等。多伦多大学校长哥特勒（M. Gertler）教授于2015年在加拿大驻华大使馆报告了大学里生物医药学科的全球知识网络。

生物医药产业包括化学制药、生物技术和医疗器械三大领域。化学制药产业以多角化的大型跨国药企为主；生物技术产业有大量创新型中小企业；医疗器械产业的集中度较高，而且需要医药、电子、机械产业的交叉融合。

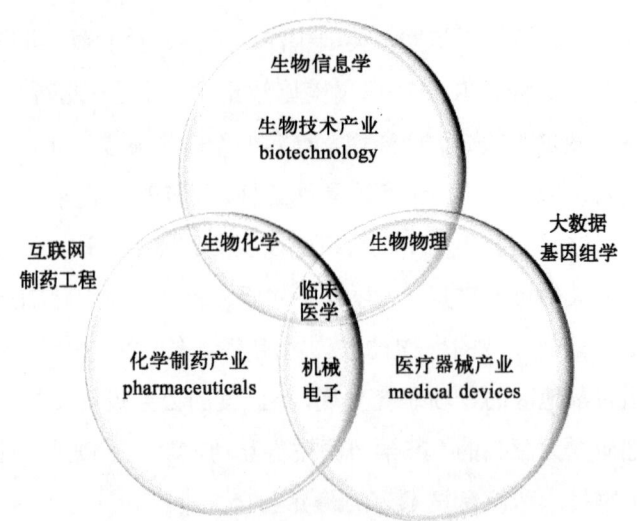

```
                    生物信息学
                   生物技术产业
                   biotechnology

                生物化学    生物物理         大数据
 互联网                                      基因组学
 制药工程            临床
                    医学
          化学制药产业   机械   医疗器械产业
          pharmaceuticals 电子  medical devices
```

大学、公共实验室和生物技术公司：知识的产生和利用
大型跨国公司：生产和营销

图 3　生物医药产业包含的三大产业领域示意图

30 多年来，中国的生物医药产业从吸引外资走向自主创新，经历了不寻常的发展过程。政府尊重医学、关注健康，重视生物医药产业。在不断优化的政策环境里，生物医药的不同领域涌现了华大基因、恒瑞医药、迈瑞生物、康泰生物等很多创新型企业。中国的新冠疫苗和抗原检测试剂的研发居世界先进水平。中药产业稳健发展，并将高新技术和先进仪器用于分析药物成分和作用机理，以保证药质的稳定和安全。不过，新药研发难度大、周期长、风险高、资金投入大，相关组织必须合作。目前，中国具有自主知识产权的创新药品种还不多，关键医疗器械和耗材等仍多靠进口，临床研究资源仍不足，"产学研医用"合作还远远不够，在培育创新集群方面还有很长的路要走。

中国生物医药产业的特点之一是园区数量多、分布广。北京、上海、苏州、南京、石家庄、天津、成都、重庆、广州、合肥、深圳、杭州等很多城市都有生物医药园区。生物医药园区数占国家级高新区总数的 1/3 强。总体上，生物医药企业有向长三角、京津冀、珠三角地区汇集的趋势。

另外，据了解，一些企业出现了地理分工，例如，连云港的恒瑞医药在上海、苏州和南京进行研发，北京的百济神州在广州进行生产，上海的再鼎医药在苏州进行生产，上海的药明康德在7个城市有研发服务。

由于生物医药园区不断地设立、合并或裂变，园区的目标差异很大，管理层次异常复杂，如果沿用现有指标来评价生物医药园区，可能无法厘清和纠正地方政府盲目追求政绩的相关行为。因此需要思考：究竟创新型的生物医药企业是在哪里孵化、衍生和成长的？哪些地方能够成为创新集群？创新集群的主体是什么？"产学研医用"合作的机制如何？跨园区、跨省市甚至跨国的知识网络如何？

在全国百余个生物医药产业园区中，我试图选取上海漕河泾开发区作为典型；在生物医药产业的三大领域中，我试图选取医疗器械产业，将上海和深圳新建的创新中心作为典型。基于这些来谈谈生物医药园区和培育创新集群的有关问题。

上海漕河泾开发区

位于上海西南部的徐汇区漕河泾镇在1960年就有仪表和电信产业，在1984年设立微电子工业区，后来挂牌为国家级经开区、高新区、出口加工区等。现在，漕河泾开发区归属临港集团。漕河泾开发区以电子信息产业为主，同时，生物医药产业的发展势头也非常强劲。目前，在上海各辖区中，漕河泾开发区的生物医药领域高新技术企业数占比高居首位。在漕河泾开发区内，生物医药融资额占开发区总额的将近一半。

不过，我发现在上海10多个生物医药园区名单中，徐汇区只有枫林生命科学园；从全国的生物医药园区名单来看，上海张江高新区和苏州工业园区位居前列，而漕河泾开发区被包含在上海张江高新区里。在漕河泾开发区的产业结构中,生物医药列在电子信息和新材料之后,看上去也不亮眼。由于政府聚焦张江的决策,漕河泾的知名度大不如前。并且,漕河泾开发区布局了九个分园,扩张到闵行和松江等区,又在江苏盐城、广西柳州、贵州遵义等地投资,这也分散了漕河泾徐汇基地的力量。

早在原国家科委火炬办认定漕河泾高新区时,就关注到其生物工程的开发潜力,现在这个潜力已经显现出来。在漕河泾开发区周边,林立着中国科学院上海生命科学研究院、复旦大学医学院、上海交通大学生物医学工程学院等不少生物医药研究院所、医院和临床研究基地,聚集着一批医学人才。在不到 6 平方公里的虹梅街道,吸引了强生、默沙东、雅培、费森尤斯等生物医药跨国巨头,嘉会国际医院,以及众多合同研发服务企业(CRO)。

漕河泾科技创业中心建于 1988 年。现在,漕河泾开发区的创业孵化体系已经相当成熟,发展了科技金融,强化了知识产权保护,培育出亘喜生物、科华生物、安必生等一批扎根本土的创新型企业。复宏汉森、三优生物和上海之江生物等三家公司合作,开发针对新冠病毒的抗体药物。生物医药与新一代信息技术走向融合。在生物技术领域和医疗器械领域建立了创新服务平台。上海证券交易所主动服务漕河泾开发区徐汇基地。

我建议,针对创新型企业的孵化、成长和创新集群的培育,在生物医药园区遍地开花的格局中,可以在长三角生物医药产业集群中,适当关注漕河泾开发区徐汇基地这类既有科技产业基础又有创新创业平台的园区。

医疗器械创新中心

有英文文献将德国的图特林根和巴基斯坦的锡亚尔科特的医疗器械产业集群进行过对比,前者是创新集群,后者是生产集群。现在，高端医疗器械在中国的临床需求十分迫切，但传感器、芯片等核心部件，甚至整机仍以进口为主。国产低端医疗器械领域又存在恶性竞争的现象。

医疗器械横跨临床医学工程、机械和电子等学科，是软件、集成电路、材料、机械等行业的重要应用领域。例如，助听器需要融合蓝牙技术、消费电子和互联网技术。高端医疗器械的仿制难度大，亟须加快技术攻关，以实现核心技术的自主可控。中国的医疗器械产业需要发展高端的创新集群。

前不久，有两个高端医疗器械的创新中心分别在上海和深圳成立。上海市高端医疗装备创新中心由上海理工大学牵头，联合上海交通大学医学院、中国科学院上海微系统所、新微科技、联影医疗、威高医疗、奥盛集团等7家合作伙伴共同申报组建。深圳的国家高性能医疗器械创新中心是依托深圳高性能医疗器械国家研究院有限公司组建的，其股东包括迈瑞医疗、联影医疗、先健科技、中国科学院深圳先进技术研究院、哈尔滨工业大学等。

我想到两个问题：上海的创新中心为什么由上海理工大学牵头？深圳的创新中心股东中，为什么有深圳迈瑞生物医疗电子有限公司？

据了解，医疗器械相关的学科人才不足，医学工程师也缺乏。临床的医学工程师不仅要按照诊治方案操作器械，还要对器械进行维护和性能评估，与医疗器械企业联系密切。

上海理工大学的医疗器械专业特色明显，有医疗器械与食品学院，其生物医学工程、医学影像技术等应用型专业的基础好，培养医疗器械人才的优势突出。我发现它的前身之一是1907年德国医生在同济医院对面开办的德文医学堂，其增设工科后改为德文医工学堂。在100多年的校史中，上海理工大学相关的校名包括上海机械学院、上海机械高等专科学校、上海医疗器械高等专科学校等。上海理工大学管理学院源远流长，历届校友在商界建树颇多。近些年来，上海理工大学注重产学研合作和创新创业教育，成立了临床教学、医工交叉创新研究等"产学研医用"合作机构。

提到迈瑞医疗这家医疗器械及解决方案领域的跨国企业，不得不想起它的"老家"深圳南山区，那里有得天独厚的产业配套环境和充满活力的创新生态。迈瑞生物在以电子产业为基础的创新沃土深圳诞生并走向全球。在创业初期，迈瑞医疗制作超声设备需要 20 多层的电路板和很多模具，绝大多数配件都能在深圳 40 公里半径的范围内"搞定"。现在，迈瑞医疗的专利数量高居中国医疗器械企业的榜首，企业长期保持大额研发投入，坚持"产学研医用"紧密合作，在生命信息与支持、体外诊断、医学影像等领域比肩国际先进水平。

我相信，通过人才培养的加强、创新中心平台的启动，以及"产学研医用"的合作，中国的高端医疗器械有望打破国际垄断，实现国产替代，医疗器械产业的创新集群可以培育出来。

（本文发表于 2021 年 3 月 22 日）

产业区的地方特质和文化底蕴
——以大朗镇毛织业为例

产业园区最初被定义为由独立组织规划并提供工业建筑和基础设施的绿色空间。它类似于公园，在规划中强调建筑密度小，在管理中保持优美环境。20 世纪中期，美国和加拿大的产业园区（Industrial Park）、英国的企业区（Enterprise Zone）、日本和韩国的工业团地等，伴随着郊外的高速公路、购物中心与复式厂房建筑的发展而兴起，适应了自由布局型企业的需求。

20 世纪 50 年代末，少数产业园区演变为研究园区，如美国的斯坦福研究园区（Stanford Research Park）和加拿大的舍瑞顿科技园区（Sheridan Science and Technology Park）。硅谷等高技术区域的成功，引发了全球的"硅谷热"。近半个世纪以来，不少学者批评，国家和地方政府匆匆地扑到科技园的浪头中可能会导致无效地利用公共资源。不过，科学园区、技术城、科学城等规划建设高技术中心的势头不减反增。

与此同时，新国际劳动分工的发展和爱尔兰香农出口加工区的成功，促使东亚、东南亚、南亚、西亚、北非、中美洲等地区出口加工区的创立。俄罗斯和东欧国家也兴起经济特区，提供基础设施和优惠政策，借助外力发展经济，创造更多的就业机会。新加坡选择裕廊这个水网沼泽地开发工业地产（Industrial Estate），创造了工业化奇迹。

现在，产业园区已经成为中国经济建设的重要载体。园区门类多，数量大，分布广，等次各异。国家很多部委都先后设立了产业园区,地方政府也都把园区规划建设作为工作的抓手。征地、建园区、组建招商队、打造千亿元产业的做法非常普遍,各地多以做优做强特色产业、补齐产业链短板、获得经济增长作为目标。然而,一些项目的建设周期很长,未来的不确定性很大,这使得人们不得不深思:什么是特色产业?什么地方能成为有产业竞争力的新空间?

产业区(Industrial District)理论是产业集群理论的重要分支

美国学者波特(M. Porter)等人曾在调研后提出,国家和地方的竞争优势往往是在特色产业领域中创造的,没有一个国家能在所有的产业领域都获得成功。波特把特色产业定义为能够持续地向他国出口技术、产品和服务的产业。著名的"钻石理论"(Diamond Theory)就是在此论断的基础上提出的。

全球和本地是一对矛盾体。一方面,国际认同的管理知识、编码化技术知识在全球扩散,可替代、可模仿的生产活动在类似的加工园区里重复地进行着。另一方面,由于专业人员的稀缺及关系的特殊性,隐含经验类知识和技术诀窍深藏在某些地方,那里的人们会共享文化和价值观,集体认同社区的发展愿景。这种地方是其他地方难以替代的。

在全球经济的激烈竞争中,产业社区的文化底蕴非常重要。本文所提到的产业区(Industrial District),包括19世纪的马歇尔式产业区和20世纪的意大利式产业区。"产业区"与"产业园区"在中文翻译中只差一个"园"字,但意义却大不相同。产业区理论是产业集群理论的重要分支。

1994年,卡斯特尔(M. Castells)和霍尔(P. Hall)在《世界高技术园区》中提到了马歇尔式产业区,它是用以观察协同作用和创新环境的。1996年10月29日，国务院发展研究中心在北京召开工业发展回顾研讨会。会上，联合国工业发展组织（UNIDO）的罗波斯多夫（T. M. Roepstorff）在报告中对中国听众阐释了意大利式产业区的社会意义。

英国经济学家马歇尔（A. Marshall）在1890年论述了产业区，他的观点是同行的人们相互趋近可以获得很多好处，行业的秘密在那里的"空气"中。1978年，意大利社会学家巴卡提尼（G. Becattini）发现，应用计算机辅助设计和制造（CAD/CAM）之后的意大利小企业集聚现象与88年前马歇尔在英国所观察到的产业区类似，他将新产业区定义为居民社区和生产系统相互渗透的社会—地域实体。各国学者们基于调研进行了热烈的学术讨论，并认为新产业区(意大利式产业区)具有嵌入性(Embeddedness)（我曾译为根植性）、创新性（Innovativeness）和机构稠密性（Institution Thickness）等特征。在新产业区内，企业之间形成了相互学习等非贸易相互依赖的关系。

嵌入性是1957年由波兰尼（K. Polanyi）提出的，他认为经济是嵌入制度之中的。1985年，格兰诺维特（M. Granovetter）强调了社会网络对于经济行为的意义。20世纪90年代的创新系统学说认为，虽然非正式交流可能会增加创新机会和地方才智，但如果本地企业的关系松散，则需要通过正式的制度安排，将企业嵌入本地，从而构筑起交流与合作的创新系统。

产业区的概念之所以重要，是因为它重视了地方的文化底蕴。无论外部经济形势如何变化，产业区是企业能够扎根的地方。在这里，企业或是在原产业基础上进行持续研发和产业升级，或是进入新产业，持续创新。

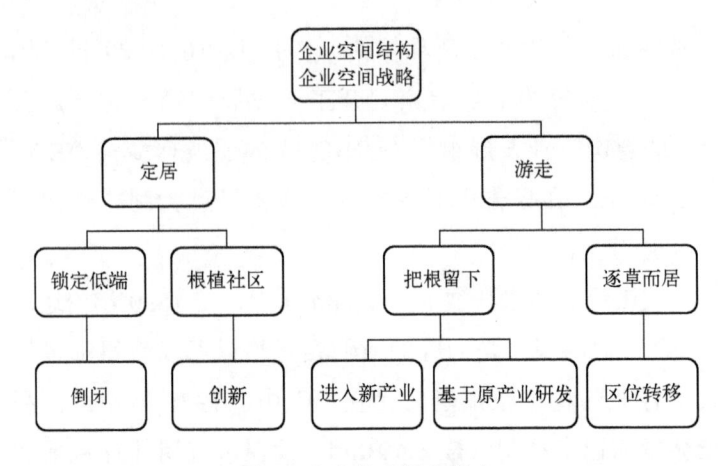

图 4　企业的定居和游走

中国从 1979 年开始兴起了大量专业化村镇

在全球化的背景下，很多发展中国家都出现了从事低成本制造或服务行业的专业化村镇。由于生产活动的片段化和模块化，供应商的知识被限定在产业的低端环节，因此这些村镇会落入依赖外力的"专业化陷阱"。一旦要素成本提高或出现不安定因素，这些看似有景观特色或生产专业化的地方就会发生产业转移。低水平制造就像是在草原上放牧的牧民，追逐的只能是下一块草原。产业不升级，就永远不能摆脱疲于奔命的境地。

中国从 1979 年开始兴起的大量专业化村镇，是在全球寻找廉价土地和劳动力的背景下跨国公司发展的离岸外包活动，是在跨国公司和当地农民企业家的共同作用下形成的。在很多发展历史较短的产业园区里，企业互信的产业文化还未形成。一些专业化村镇可能成为企业瞬间消失的地方。此外，这些地方的专业化（我曾经称为"弹性专精"）虽然表面上与意大利式产业区的柔性专业化类似，但实则二者的生产范式并不同，前者主要是个性定制生产，后者是大批量生产。

在产业区研究中对"嵌入性"的新感受

本文聚焦纺织服装产业,尤其是毛织产业,并研究了产业区的地方特质和文化底蕴。这是我在产业区研究中对"嵌入性"的新感受。

看过《温州一家人》的读者都知道意大利小城普拉托,它的纺织业可追溯到中世纪。在 20 世纪 60 年代,普拉托出现了基于社会信任和合同规范的柔性生产组织方式,越来越多的中小企业进行专业化分工和合作。普拉托是意大利式产业区的典型之一。查米纳德(C. Chaminade)等学者在 2019 年发现,普拉托这座充满纺织业底蕴的古城正在进行发展路径的更新,从产业区外部寻找来自新产品制造商和垂直一体化企业的新知识来源,提供高技术服务,以保持意大利制造业的卓越地位。

中国的浙、苏、粤、鲁、闽等 21 个省区共有 200 多个以纺织服装产业为主的县镇,除了浙江绍兴柯桥、江苏吴江盛泽、广东佛山西樵等一些县镇,大多数县镇的发展历史还不到 40 年。浙江桐乡濮院、广东东莞大朗和河北清河是中国三大以毛织产业为主的县镇。有报道说,近几年大朗毛织业出现了从生产向商贸转变的趋势,有生产企业向外转移以降低成本,例如,60 多家大朗纺织企业到广西贵港平南县集体落户。

那么,需要思考的是,大朗毛织业会不会随着产业转移而消失?那些正在大张旗鼓地投巨资、打造大面积纺织服装产业园区的地方,是否可以复制大朗的发展经验?我建议大家可以回味一下大朗毛织业在短短 40 多年中所形成的专有特质和文化底蕴,再体会一下,为什么在大朗镇的毛织、装备制造和电子信息三大支柱产业中,毛织业是最具底蕴和活力的产业。

毛织业是大朗镇最具底蕴和活力的产业

大朗电视台播出的《大朗·时光·味道》中有几句优美的解说词,描述了大朗毛织业的历史:"毛织的味道如红荔甜暖,包裹着满满的辛勤与坚守,泪流淌在血脉里,平淡无奇却又令人念念不忘。"大朗毛织业从无到有、从小到大、从弱到强,这归功于镇党委和镇政府坚持发展以毛织业为主的民营经济的思路、毛织创业者的艰苦奋斗和毛织行业协会的持续努力。老百姓想做毛织,政府想干毛织,大家都要追求提升、追求先进、追求时尚,思想十分统一。虽然领导班子换了一届又一届,但发展毛织产业的决心从不动摇。

大朗毛织业来自香港的产业转移。1979年,香港协和织造有限公司在大朗开办毛织一厂,之后其他港资毛织厂陆续进入。1995年前后,港资企业退位,本土企业成为主宰。毛一品牌创始人陈贵德等一批又一批企业家成长起来,当地也吸引了山东如意集团等外地厂商。在当地政府对设备更新改造的支持下,大朗的手摇横机在短短几年内全部被换成了电脑横机,这促进了产品开发、创意设计、机械制造的技术进步。当地政府还提出建设面积为10平方公里的毛织产业商圈,并成立了大朗镇毛织行业管理委员会。大朗的毛织、设计、机械、电商、纱线5个行业协会非常活跃,通过搭建各种平台,实现共生共荣。大朗的数字贸易产业服务中心、电商共享中心、毛织人才驿站、毛织设计研究院等相继成立。

多年来,大朗持续举行了织交会、毛衣节、春季纱线展、设计大赛、技能大赛、流行趋势发布会、设计师年会等活动,组织了企业国内行和外出参展,以提升大朗毛织的影响力。2020年11月,第19届中国(大朗)国际毛织产品交易会举行。2021年3月17日,在中国纺织纱线展览会和中国国际针织博览会上，大朗镇 102 家毛织企业抱团参展。

目前，大朗毛织业已经形成了深厚的文化底蕴，大朗的毛织元素与城市精神已融在一起。一篇大朗人的文章写得好："最敬佩你的，就是闻名遐迩的'毛织'……在我的眼里，你一直不断地努力着，你的努力是为了让生活在你怀里的人们更幸福、更快乐。随着时代的发展，你开始寻找科学的方式来让自己变得更强大、更健壮。你原本是多么的平凡，今天的繁盛，是你自己努力的成果。"

大朗毛织业是富民强镇的特色产业，从业人员有 20 万人。在中国毛织第一村——大朗巷头社区，几乎每家都有人从事毛织相关的工作，村民收入的 90%来自毛织业。2013 年的产业微电影《织城梦想》讲述了一个女孩怀着"将大朗设计带向世界"的追梦故事。2015 年的微电影《织越时空》展示了大朗一代又一代毛织人对毛织业的坚守和追求，该片的关键词是"研发设计""毛织电商""自主品牌"，全片以"大朗将来是世界的"为结尾，展现了大朗毛织业的雄图。

目前大朗毛织业正在向智造产业、时尚产业和文化产业转型升级，它在原创设计、智能制造和新型纱线方面的升级措施是前瞻性的，例如，培育品牌、普及自动化设备、举办设计大赛、与专业院校合作等。"大朗"区域国际品牌已经在世界 80 多个国家和地区进行了注册。我相信，发展历史仅有 40 多年的大朗毛织业已经初步形成了别处难以模仿的专有特质，这能使大部分的创新型企业扎根当地，大朗毛织业升级的道路将越走越宽。

若想复制大朗毛织业的经验，还必须考虑到它兴起时的国际市场机遇和后来转向国内市场的艰苦努力。承接产业转移的其他地方在打造园区时需要从市场需求出发，并逐渐培育本地企业家和创新氛围，否则将会落入投资陷阱的尴尬境地。

（本文发表于 2021 年 3 月 29 日）

斥巨资建园区未必能实现高质量发展
——以乐器制造业为例

在中国，产业园区已经成为各个产业发展的平台。高新区用于发展高新技术产业，文创区用于发展文化创意产业。行业和功能不同的各种园区分别以光伏、机器人、印刷、互联网、智慧、科技、教育、人力资源服务等来冠名，不一而足。产业园区是政府开展工作的抓手，是看得见的政绩。

总体来说，产业园区是中国经济建设的"主战场"，对国家发展有巨大的贡献，在经济增长、体制改革、创新型管理人才的培养等方面发挥了非凡的作用，为企业营造了良好的营商环境和创新创业环境。产业园区受到了世界银行等国际组织的关注，并将其作为中国发展的经验之一在其他发展中国家进行推广。

然而，园区建设和产业发展并非因果关系，建园区不一定能引来产业，更不能满足制造业高质量发展的期望。"以地生财"助推了高速工业化和快速城市化，但蕴含的风险也在逐步增加。很多新园区都把发展的希望寄托于项目"大鸟"的飞入，盲目追求规模扩张，圈地多、建设少。这造成了用地低效和公共资源浪费。

制造业的发展和升级只能靠创新驱动。不过，因为实业发展与土地开发已经交织在了一起，一个令人困惑的问题是：建设园区能否促进制造业高质量发展？本文以乐器制造业为例，对此进行初步解析。

乐器生产有大批量机械化生产与手工定制之分

乐器制作的历史悠久。从老百姓的吹拉弹唱到维也纳爱乐乐团的演奏，都需要多种多样的乐器。各地的风土人情、工匠兴趣、原材料、技术变化、市场需求、学习机遇等差异甚大，制造和使用的乐器也千差万别。西洋乐器和中国乐器，既用于奥地利维也纳金色大厅和中国国家大剧院，也用于普通的学校和家庭。同种乐器的质量和价格水平，练习用的比演奏用的低很多。乐器生产有大批量机械化生产与手工定制之分。雅马哈钢琴的量产流水线位于中国的杭州萧山瓜沥镇，而高端手工定制仍在日本的静冈县滨松市进行。

据纪录片《遇见工匠：乐从中来》描述，吉他的发展源自400多年前的弗拉门戈音乐，弗拉门戈吉他被称作"弗拉门戈的灵魂"。在今天的西班牙格拉纳达，工匠还在手工制作吉他。一位工匠说，他一年做10把吉他，而且每把的声音都不同。在加拿大圣亚森特，工匠仍在手工制作管风琴，把管风琴视作"通往作曲者心灵的窗户"。在意大利克雷莫纳，为乐队小提琴手、音乐家和乐器收藏者制作小提琴的工匠一直在无止境地追求完美，1715年制作的小提琴被作为国宝存放在克雷莫纳市政厅。

克雷莫纳过去有很多提琴作坊，现在有四年制的国际提琴制作学校。制琴师在了解了客户对声音和音乐的个性化需求后，才会动手选料和制作。手工制作是必需的，一流制琴师做一把琴要耗费半年甚至一年的时间。克雷莫纳制琴师协会规定其成员每年制作的提琴不得超过15把。

几乎每个乐手的脑海里都有一幅乐器质量的世界地图，比如，手风琴演奏家都知道意大利的小城卡斯特菲达多。这个世界手风琴之都从1863年开始造琴，专业化分工发达，现有四五家手风琴组装企业和数十家提供原材料和零部件的小微企业,且它们一直在创新和升级。

中国是西洋乐器的消费大国之一。当你上网选购某种乐器时会看到这些描述:专业级德国琴弦、进口呢毡弦槌、欧洲进口榉木、西伯利亚鱼鳞松音板、意大利簧片、进口工艺、德国工匠精神、国际知名的制作大师等。中国制造的弦乐器和钢琴要用进口的钢丝和钢弦,钢琴弦锤要用进口的呢毡,手风琴和口琴要用进口的簧片,民谣吉他磷铜缠绕的高碳钢芯也是进口的。很多乐师会首选昂贵的进口乐器,其次选购使用进口零部件和原材料生产的国产乐器。

尽管从统计数据上看,目前中国的乐器出口金额大于进口金额,但出口乐器以普及型产品为主。中国乐器制造的创新能力与发达国家相比还有很大的差距。

中国已成为世界乐器生产和出口基地

改革开放以来,很多大品牌的国外乐器企业都在中国设厂。中国制造的钢琴、吉他、提琴、管乐器产销量均居世界首位,电子乐器和打击乐器等的产销量也居世界前列。中国已经成为世界上门类最全、产量最大的乐器生产和出口基地。

西洋乐器产地

铜管乐器:天津静海蔡公庄镇(乐器产业园、乐器产业集群)、河北武强周窝镇(乐器文化产业园、乐器产业集群)、河北深州前磨头镇(乐器产业园)、山东烟台龙口市(西管乐器生产集群)、河北廊坊葛渔城镇(北方乐器之乡)。

吉他:山东昌乐鄌郚镇(电声乐器产业园、乐器产业集群)、山东昌乐乔官镇、贵州遵义正安县(吉他文化产业园)、广东惠州惠阳区(吉他产业集群)、福建漳州金峰经开区(乐器文化产业园)。

小提琴:江苏泰兴黄桥镇(乐器文化产业园、乐器产业集群)、北京平谷东高村镇(乐器产业园、乐器产业集群)、河南确山竹沟镇(提琴产业园)。

转调筝、钢琴、提琴、手风琴：辽宁营口市(乐器产业园、乐器产业集群)。

钢琴：浙江德清洛舍镇(钢琴文化产业园、钢琴产业集群)、湖北宜昌市(钢琴文化产业园)、辽宁营口市(乐器产业园、乐器产业集群)、广东广州增城区(乐器文化产业园)、浙江宁波市。

手风琴：天津静海区中旺镇、河北沧州市、河北涿州市、江苏江阴市。

口琴：江苏靖江马桥镇。

琴弓：江苏苏州渭塘镇。

钢琴和小提琴音板：江苏镇江新民洲临港产业园(乐器文化产业园)。

民族乐器产地

古筝和古琴：河南兰考堌阳镇(在建的乐器产业园、民族乐器产业集群)、江苏扬州市(琴筝文化产业园、乐器产业集群)。

竹笛：浙江杭州中泰乡(竹笛产业集群，浙江省非物质文化遗产、非遗旅游产品)。

二胡：江苏苏州市(国家级非物质文化遗产)、江苏无锡梅村街道(二胡产业园)。

民族乐器：河北饶阳大官亭镇(民族乐器产业园、乐器产业集群)、河北沧州肃宁县(乐器文化产业园)、湖南常德市汉寿县(乐器文化产业园)、天津静海子牙镇潘庄子村、山东临沂郯城县(在建的民族乐器产业园、二胡产业集群，二胡制作技艺被列为临沂市第四批非物质文化遗产)。

敦煌壁画古乐器仿制：甘肃兰州(甘肃丝绸之路文创工场)。

铜鼓乐器：陕西杨陵上川口村（杨陵锣鼓文化产业园，锣鼓制作技艺被列入杨陵区第一批非物质文化遗产）、河南襄城麦岭镇欧营村（非物质文化遗产）。

唢呐：广东佛山南海区（非物质文化遗产）。

手工民族乐器：山东日照浮来山街道。

回族特色口弦：宁夏吴忠同心县（安氏口弦，非物质文化遗产）。

佤族多脚鼓：云南普洱西盟县翁嘎科镇英力下村。

维族特色手工乐器：新疆新和县依其艾日克镇加依村。

葫芦丝：云南德宏梁河县（非物质文化遗产）。

苗族芦笙：贵州凯里舟溪镇。

乐器行业规模以上企业有千余家，主要分布在广州、北京、宁波、杭州、天津、上海、营口、青岛、苏州、扬州等城市。在承接乐器产业转移的过程中，冀、鲁、豫、苏、浙、闽、粤等省份都出现了专业乡镇，并受到了地方政府、中国轻工业联合会和中国乐器协会的积极支持。一批乐器产业集群成长起来，涌现出很多创办乐器企业的农民企业家，他们在做代工的同时创立了自己的品牌。

这些专业乡镇的乐器制造尚属于劳动密集型和资源消耗型产业。天津静海区和河北武强县等地在金属加工的基础上生产了铜管乐器，浙江德清洛舍镇在木材加工的基础上制造了钢琴。天津静海蔡公庄镇四党口中村的第一家管乐器厂是键子厂，这家在1974年建立的社队企业从事了天津管乐器厂键子磨光和抛光这个最脏、最累的环节的生产工作。福建漳州的乐器行业则源于台资企业为了降低成本的产业转移。一些乐器厂的负责人不懂音乐，最初只是将乐器作为普通的工业产品，而不是音乐舞台的艺术品。这些乐器的生产是"跑量"的，因此除了出口，需要尽可能多地办培训班，通过扩大消费来促进乐器销售。

近些年来，中国的乐器生产通过引进国外先进技术和设备，以及自身的技术创新，已经有了显著的技术进步。例如，位于宁波慈溪的东方琴业有限公司（现已更名为森鹤乐器股份有限公司）以生产钢琴的核心部件击弦机著称，该公司的"东方 LUO 击弦机"工厂使用进口呢毡为国内外著名品牌的钢琴定制击弦机。中国在提升国产手风琴品质上也孜孜以求，紧盯世界手风琴制造的前沿技术，在精细化、个性化、轻质化、灵敏性等方面追赶世界先进水平，从原辅料选用、工艺创新、精细化管理、制造设备智能化，以及匠心制造等方面进行着艰苦的努力。

个性手工定制和大批量机械化生产同时存在。传统乐器的遗产仍在被挖掘和继承。红白喜事所用的传统乐器、少数民族特色的乐器都有民间工艺的传承和小批量的生产，有些已被评为非物质文化遗产。令人兴奋的是，执著于仿制壁画古乐器的郑汝中先生与研制扬州筝琴的老专家田步高走到了一起，敦煌壁画乐器的仿制在甘肃丝绸之路文创工场马成虎团队的手中获得了成功，古代敦煌乐舞以当代青年喜闻乐见的形式走向了世界。

中国乐器产业园区的发展任重道远

生产乐器的专业乡镇往往因作为音乐小镇而建设园区，将乐器的制造、销售与音乐教育等融合。例如，浙江德清洛舍镇正在打造"钢琴音乐小镇"，已经建成钢琴文化馆、企业文化车间、钢琴艺术中心和钢琴大数据工作室，将发展钢琴演艺、教育和培训产业。"中国兰考县乐器产业园"预估总投资超过 6.7 亿元，将在河南兰考堌阳镇开工建设，工期3 年，包括小镇客厅、产业中心、绿地景观、音乐绿道、研发创意中心等项目。天津静海四党口中村拟打造"乐器产业一条街"，以扩大乐器生产规模，成为文化创意产业基地，开展展览、工业旅游、乐器演奏、培训等活动。北京平谷东高村镇曾在小提琴制造产业初具规模时，计划投资 150 亿元，用 10 年时间建成"中国乐谷"，分为"YUE"谷（产业集聚区）和"LE"谷（文化休闲区）两部分，涵盖音乐博览、乐器生产、歌曲创作、培训教育、会展、传媒等活动，并建设音乐厅、小提琴博物馆、音乐喷泉、乐器体验中心、游乐场所和星级主题酒店等。

诚然，发展文化教育事业和营造地方文化氛围，可使"造琴之乡"向"演奏之乡"演变，促进乡村振兴。例如，洛舍镇开设了钢琴课，东高村镇和黄桥镇开设了小提琴课等，这使很多农家娃变身琴童，陶冶艺术情操，提高音乐素质。普及乐器教育、扩大乐器消费人口规模对于乐器市场营销来说也很重要。乐器制造可以拉动电子信息、新材料、物流、环保及旅游等相关产业的增长，还可以通过教育、培训、演出等活动提供就业岗位。但是，由于这些地方的技术创新能力和工业化水平还不高，在资金还不够充裕的条件下，匆忙地耗巨资打造多功能的园区存在相当大的风险。

乐器产品不但要有精美的外观造型，还必须有良好的声学品质，选材要求十分严格，例如，著名品牌的乐器所用的铜材都有独特的配方，从而可以产生独有的音色和音质。乐器制造的人才培养至关重要，例如需要极高音乐素养的乐器产品调试人员。高档乐器不仅需要技艺的积累，而且需要新技术和新材料，如合成鼓皮、高端音源芯片、压电薄膜、功能新材料、实木砝码加铅技术等。电鸣乐器行业还要用到 5G 通信与 AI 技术。专注于某个产品进行持续的积累，并将产品和零部件做精，这不是建设产业园区所能做到的。

中国的乐器制造业不应再继续走高产量、低质量的低端化道路。乐器制造业的高质量发展需要提高自主创新能力，要从关键零部件、关键材料的研发和关键技术的攻关，以及技艺人才和工匠精神的培养做起。

对于已被认定为乐器产业集群的乡镇，需要对其进行深入细致的指导和帮助。在区域治理方面，由于同行之间存在低水平竞争，需要通过政府和行业协会的干预，提高集体效率。在技术创新方面，高质量乐器的研发和制造不仅需要乐器行业内的产、学、研、演深度合作，而且要加强与其他相关行业（如机械、材料、纺织、电子等行业）的协同创新。

（本文发表于 2021 年 4 月 6 日）

视听产业园区要兼顾产品内容创作和技术创新

视听产业包括电视、电影、广播和网络视频等领域，属于技术密集和内容密集的复杂创意产业类别，具有文化创意和技术创新相交融的特点。在数字时代，视听产业将文化艺术与数字技术相结合，通过新的生产方式创造新的消费需求。

视听产业正在世界各国蓬勃发展。巴黎东部建有国家视听学院和哥布兰学院影视与多媒体中心；荷兰希尔弗瑟姆（Hilversum）以荷兰国家公共广播电视台（NOS）为中心形成媒体集群；英国伦敦苏豪区（Soho）有发源于20世纪30年代的影视集群，布里斯托尔（Bristol）在20世纪70年代围绕英国广播公司（BBC）的自然历史组发展了影视集群；德国波茨坦（Potsdam）的巴贝尔斯贝格（Babelsberg）影视学院和电影制片厂是吸引视听企业的"磁极"；比利时在"屏幕 布鲁塞尔"倡议下汇集媒体集群的成员进行合作；日本东京秋叶原在消费电子市场基础上发展成为日本动漫产业中心。

比利时布鲁塞尔和西班牙巴塞罗那等城市都有房地产公司开发的媒体园。布鲁塞尔的媒体园是比利时首都大区2018年在斯哈尔贝克市（Schaerbeek）的房地产开发项目，其愿景是在两家比利时公共广播公司和其他媒体公司基础上构建一个媒体创新生态系统。巴塞罗那媒体园则是19世纪老工业区重塑的一部分，改造而成的创新街区（Innovation District）22@区是发达国家创新街区最早的案例。

内容创作是广播电视和网络视听节目的基石

5G网络大带宽和低延时特性为超高清视频应用创造了机遇。国家广电总局正在打造面向5G的高清视频产业园区，做强做优国家级广播电视和网络视听产业基地（园区）。这些园区主要分布在浙、沪、京、鄂、皖、湘、苏、川等省市。这些园区以技术为引擎，招商引智，孵化项目，推动各类沉浸式技术在高清视频和全场景视听等领域的应用，逐步推动4K/8K电视终端的普及，增加超高清视频的用户数量，提升视觉特效的用户体验，实现文化内容的价值。与超高清视频相关的高新技术企业之所以选择落户园区，往往是因为能享受优惠政策，并看好技术资源的聚集、虚拟制作和版权保护等配套环境。

随着渠道、平台和社区的多元化，视听产业与旅游业等产业可能形成交叉创新，因此，很多基地（园区）拟构建"视听+旅游""文创+休闲""科技+孵化"等产业生态。但有的基地（园区）由于前期投入巨大，追求"大而全"而"造血"功能不足，正面临着同质化竞争的困境。

2021年，广东省推进建设超高清视频产业示范省，布局广州、深圳、惠州等超高清视频产业基地。以广州广播电视台花果山台址为核心，一个1000多亿元的超高清视频（4K/8K+5G）产业示范园区正在越秀区建设，按全产业链招商理念，融合文化、科技、教育、旅游等领域，打造广州显示之都。

视听产业的发展要兼顾精品内容创作和关键技术自主可控。通过产学研合作，研发超高清视频设备，攻克超高清新型显示芯片等关键技术，同时，还要将文化资源与视听技术相结合，创作出优质的内容产品。无论是5G、大数据、人工智能、超高清显示设备和沉浸式技术的研发活动，还是视听内容的选题、策划和创作，以及影视拍摄、后期制作、发行等活动，都需要多部门、多企业的跨界合作。

内容创作是广播电视和网络视听节目的基石，讲好故事是根本，写好剧本是关键。主流视听产品要源于生活而高于生活，让普通人喜闻乐见，才能提高产品的社会影响力和市场占有率，从而在大数据评价系统中获得较高的收视评价。视听产业是以创意为原材料的产业，尽管很多原创产品是高投入和高风险的，但文化内容的生产是必要环节。一项对非洲视听产业的调研发现肯尼亚观众对本地故事内容非常热衷，这说明需要加强本地内容的创作，以满足本地观众的需求。

由于视听产业涉及经济、政治和法律，通过互联网进行文化内容的制作、流通和消费面临着很多挑战。据报道，国内有的流媒体服务公司的视频软件首页充斥着由"流量小生、小花"主演的低质剧集和综艺，公司企图通过其他收入而不是优质视频内容的投放来挽回亏损局面，结果却降低了用户体验。"耽美"作品影视改编创作投拍的风向也反映了影视业原创力的不足。

视听产业的地方黏结性和跨地区流动性同时存在

建设产业园区是有风险的，必须了解视听产业本身的空间分布特点。视听产业的地方黏结性和跨地区流动性是同时存在的。一方面，文化产品的内容与地方特征密切相关；另一方面，视听产品的生产和服务可以跨国或跨地区进行，流动性很高，并不依赖特定空间。

根据本地文化特色所进行的艺术创作是其他地方无法模仿的。将文化艺术融入生活，既能激发创意，又能创造就业机会。文化增值越高，产品竞争力越强。有地方特质的创意场所能够形成艺术引力，吸引具有创意潜质的人才，提升集体创造力，促进创意活动和文化精品的产生。例如，创立于英国布莱顿的视频游戏企业 Babel Media 于 2005 年被吸引到加拿大视频游戏产业集群所在地蒙特利尔。

位于美国硅谷西南的洛斯加托斯（Los Gatos）是美国的网络视频和网络电影中心，那里有大量的电影从业者聚会和不定期的交流活动，创业氛围很浓。出品了纸牌屋的流媒体视频公司奈飞（Netflix）就是在洛斯加托斯成长起来的，它从租赁碟片业务起家发展为文化产品的内容生产方，并迅速成为世界网络影视的巨头，其成功的背后是强大的用户基础和用户黏性。奈飞公司投入巨资做优质的原创剧集，并用大数据将用户体验做到极致。

由于电影生产和发行的周期长，相关的企业可能需要远距离合作。例如，由 4 家公司联合出品的 IMAX 三维动画电影《哪吒之魔童降世》仅后期制作就磨合了 3 年之久。根据片尾字幕可知，从 IP 元素、原创故事，到应用转化、设计、数字技术、产品化和服务合作等，这些涉及的 70 来家合作公司来自北京、成都、上海、苏州、深圳、南京、厦门、沈阳、天津、武汉、杭州、济南、潍坊、西安、洛阳 15 个城市，以及泰国、马来西亚、印度尼西亚等国家。主创团队可可豆动画影视公司是成都高新区孵化的原创动漫企业，而哪吒与敖丙在生日宴打斗的那一场镜头是由成都高新区的另一家企业墨境天合公司承担合成制作的。

数字传媒、数字广告和数字动漫等产品和服务是国际贸易的组成部分。电影工作室的原创高端环节可在城区内进行，而实景拍摄、后期制作等低端环节可在国内外多个地点完成。在 20 世纪 50 年代末，美国好莱坞的制片厂制度瓦解，柔性专业化的电影产业集群应运而生。此后，好莱坞电影的后期制作等环节外包至多伦多、慕尼黑、布拉格、墨西哥城、悉尼、孟买等地的公司。中国的许多动漫企业也曾经通过承揽外包业务反哺原创动漫作品。多年前日本手冢卡通制作公司就来北京设立制片厂；埼玉县新座市制片厂和北京制片厂共同制作了日本广播协会（NHK）电视台的电影《火之鸟》。

北京视听产业的优势和问题

视听产业是北京经济发展的新动能。北京有深厚的历史文化底蕴、大量著名的艺术家和作家、充裕的金融资本和良好的政策环境。北京大学、清华大学、北京邮电大学、中国科学院、北京电影学院、中央戏剧学院、中国传媒大学提供了充足的视频技术人才和文化创意人才。在传统制作力量的基础上，北京先后诞生和汇聚了 5G+8K 新视听产业的大量头部企业和实验室，广播电视节目制作经营持证机构数量在全国名列前茅，仅朝阳区高碑店乡就有中小微影视企业 800 多家。北京逐步成为中国的影视剧生产制作中心，有中国（北京）星光视听产业基地、中国（怀柔）影视基地、东亿国际传媒产业园等影视基地，以及莱锦文化创意产业园、77 文化创意园、郎园 Vintage、北京文化创新工场、尚 8、铜牛电影产业园等多个视听产业园区。

由北京本地影视制作企业出产的精品"京产剧"颇具规模，这离不开北京这座城市的滋养。北京广电网络视听发展基金近年来支持了 600 多个项目，包括电视剧《最美的青春》《破冰行动》《启航》《情满四合院》等。《我们的新时代》创作团队深入朝阳区望京街道和永安里社区，通过实地走访、线上通话等方式，收集原型故事及人物素材，丰富创作思路，把握时代脉搏，在生活中发现有深刻内涵的创作题材，进行精品创作，探索叙事艺术。这是追求高超的影像品质的基础。

2021 年年初，我调研了位于朝阳区高碑店乡的铜牛电影产业园，对电影相关企业的集聚效应有所感悟。电影产业包括出品、拍摄、后期制作、发行、营销、放映、衍生品开发等价值环节，这需要演员、编剧、导演、摄像、道具、制片、化妆、音响、作曲、编辑、艺人经纪、版权保护等从业人员，涉及生产商、运营商、发行商、展示商等之间的复杂交易。

铜牛电影产业园不大，其前身是北京铜牛京纺物资有限公司库房。创始人刘先生谈了园区的起源。他曾在北京电影制片厂大院办公，2014年年初，北影物业要求租户在9月底前搬离大院。院里三四十家电影产业上下游民营企业平日关系不错，希望离开大院后还能在一起。正巧北京铜牛京纺物资有限公司在洽谈合作，他们就带着合作协议去接洽，提出打造电影产业园区的意向，双方一拍即合。

刘先生在电影界做过独立制片人和编剧，园区的其他领导成员有当过演员和导演的。他们坚持不做"二房东"，要做内容生产方，因此，严格筛选入驻企业，只招收在电影行业有一定知名度和影响力的企业和合作伙伴，保证产业链的每个环节基本平衡。园区已入驻企业约50家，涵盖了电影策划、剧本孵化、艺人经纪、拍摄器材、海报、网络宣传、制作及发行等环节，在诚信的基础上基于项目实现深度合作。园区先后成立了主旋律电影产业联盟、主旋律电影基金、影视音乐产业联盟等，并加强了知识产权保护。园区有小型演播厅，经常举行活动，包括音乐主题沙龙、电影展映、电影发展论坛、编剧脱口秀大会、编剧嘉年华等，并开发电影衍生品。企业之间互动频繁，尤其是影视项目出现空档期时，园区企业更需要参加聚会以寻找新的项目，创新环境不错。

北京新一代信息技术和影视艺术的基础雄厚，有利于创新型企业的培育和成长，视听产业发展潜力很大。不过，摄影师、编剧、剪辑等从业人员普遍反映对于北京的归属感还不强，加之视听产品的生产成本较高，政策扶持力度还不够，因此，如何让企业扎根北京成为一个不容忽视的问题。

（本文发表于2021年4月12日）

企业进园未必能解决产业分散的难题
——以自行车行业为例

产业园区是为企业的运营提供土地、建筑物、公共设施和必要管理条件的空间实体。1979 年，深圳经济特区开始试验国有土地有偿使用制度，并建设工业区。40 多年来，工业用地市场化的经验在全国被逐渐推广，各类产业园区纷纷设立。不同类别的行业和企业对园区的需求差异很大。对国内制造业企业来说，小微企业一般从小作坊起步，当它们需要租厂房或买厂房时，可能会选择园区以享受相关的政策和服务；而成功的大企业一般会自建园区。

地方政府通常只在各自管辖的范围内选点建园，行政层次越低，区位约束越大。在投资项目不确定的情况下就成片开发土地是有风险的，会劳民伤财或造成工业用地的闲置。当多数企业倒闭或迁移时，园区会空心化。2020 年，自然资源部要求对土地利用进行计划管理，以真实有效的项目落地作为土地配置计划的依据。

中国的产业园区具有数量多、面积大和一区多园的特点。改革开放初期，乡镇企业和城市里的民营企业崛起，政府退出竞争性行业转而投资基础设施建设。设立园区通常可获得预算外收入的支配权。作为招商平台的园区的角逐变得白热化。"条块分割"的利益博弈和对政绩的追求导致园区发展过热。如"十二五"期间，有 100 多个城市提出建设新能源基地。与此同时，国家发展改革委、科技部、商务部、教育部、文化和旅游部、国家新闻出版署、原环保部、原人事部等部委都设立了各自管辖的产业园区。此外，中关村科技园区的"一区多园多基地"模式被视为经验,并推广到全国各地。

自行车行业的地理转移和园区建设

本文以脚踏自行车行业为例,说明产业园区过多过散不利于一些部门产业集中度的提高和创新型企业的形成,园区建设过热是产业过度分散的痼疾。在这些行业中,引导企业进园区并不能解决产业过度分散的难题。由于篇幅所限,本文只从行业的供给侧进行探讨,尽管需求侧(出口市场和内需市场)的绿色出行、城市慢行系统等领域,以及自行车运动产业的竞技、休闲、文化、旅游等方面,也与产业园区高度相关。

在自行车行业中,虽然生产片段化和模块化需要大型品牌商与专业化供应商形成生产协作的网络,但是大型品牌企业逐渐控制了价值链的高端环节,产业集中度在提升。

产业集中度是反映产业或行业内少数企业的产量、销售量等对产业或行业支配程度的指标。行业的销售额被少数企业所控制、产业集中度高的行业包括:使用大型设备且需要巨额投资的行业(如钢铁行业和石油化工行业等)、生产大型产品和成套设备的行业(如制造飞机或机床等产品的行业),以及产品品种单一且大批量生产的行业(如制造玻璃板、纸浆、啤酒、乳制品等产品的行业)等。在这些行业的生产系统中,大企业比小企业具有更显著的优势,相关活动的空间组织并非以集群为主。在中国的一些地方,钢铁、水泥、煤炭、重型机械、轴承等行业,本应提高产业集中度,发展大企业,却呈现"群龙无首"的"产业集群"现象。

中国是自行车生产大国和出口大国。在计划经济时期,22个省份都有自行车整机厂或零部件厂,作为重点产区的天津、上海和广州三市,有"飞鸽""凤凰""永久""五羊"

等大众熟悉的品牌。改革开放以后，形成了天津、深圳和苏州三个自行车行业的主要集聚地，其成因有二：一是自行车行业从国有化向市场化转型，大量民营企业涌现。例如，天津从商品短缺和包购包销年代的"飞鸽"国企一枝独秀，到800多家自行车民营企业涌现，其主要聚集在武清区王庆沱镇。二是台资自行车行业转移，从深圳、佛山，到苏州、天津等地。台资自行车企业在深圳和苏州抱团发展，例如，捷安特进入苏州时带去70多家供应商，促进了本地配套企业的成长。

目前，自行车行业的地理转移还在继续。尽管深圳规划了新型自行车产业集聚基地，但也没有阻止自行车行业向外地转移的步伐。该基地是深圳建设的9个传统产业集聚区之一，位于龙岗区坑梓街道，计划投资35亿元，建立包括研发检测、培训、资讯、展示交易、物流等五大公共平台的园区，期望自行车的技术研发、零部件生产、装备组装、检测、销售都能在园区内完成。

中国有些自行车出口企业已把工厂转移到越南、柬埔寨、乌克兰、葡萄牙、俄罗斯、印度、菲律宾等国。在国内，福建漳州市漳浦县，河北邢台市平乡县、广宗县和邯郸市曲周县，安徽蚌埠市怀远县，广东梅州市等地成为新一轮自行车行业转移的承接地，这些地方都不约而同地建设了产业园区。漳浦县旧镇自行车产业园从无到有，抓住了玮柏和品琦等台资企业从深圳集体转移的机遇。邢台市和邯郸市的童车制造基地2019年的营业收入达300多亿元，平乡县、广宗县和曲周县原有的自行车企业分布散乱，这几个县分别规划和投资建设了自行车产业园区。怀远县在经开区建设了汽车零配件及自行车行业园。梅州市五华县规划面积2000亩的粤台（梅州）自行车行业园拟建以自行车智能工厂和智能物流为特色，集居住、生产、研发、物流、商展等多功能于一体的自行车智慧产业基地，该基地目前正在努力招商中。

河北平乡县、广宗县和曲周县发展了自行车行业

改革开放之初，自行车行业在河北邢台市的平乡县、广宗县和邯郸市的曲周县"野蛮生长"，假冒伪劣产品盛行。1983年，平乡县政府关停了自行车零部件"黑作坊"和零部件市场。据报道，自行车零部件市场最初在平乡县河古庙镇，后转移到冯马乡邓桥村，与广宗县仅有一河之隔。当邢台地委要求广宗县和平乡县合力夹击、取缔邓桥市场之后，自行车零部件市场又在邯郸市曲周县的于子口村发展起来了。

1995年，"中国自行车零件城"在河古庙镇建成使用，平乡、广宗和曲周三县的自行车行业得到了发展。从地图上看，这个市场距离平乡县城和广宗县城只有2公里，距离曲周县城也只有10公里左右。

现在，平乡县以河古庙镇为中心规划了占地面积15平方公里、投资60亿元的自行车行业集中区，引进了江苏的好孩子等优秀企业，这里已发展成了知名的"童车之都"。2021年3月，一部演绎平乡县自行车行业发展的喜剧电影《二八时代》上映。

广宗县在经济开发区北区规划了自行车（童车）及零部件产业区、自行车零部件表面处理加工区和科技孵化园，拟建成科技成果展示交易中心、研发中心、生产力促进中心、科技金融服务中心、人才交流服务中心、科技孵化器、特色产业实训基地、创新工场等。此外，广宗县还在冯家寨镇规划了自行车风情小镇。

据报道，邯郸市曲周县投资2.58亿元，建设了自行车童车强村富民联营基地，通过整合原来分散经营的100多家中小微企业，来打造自行车闭合产业链。曲周县还规划了"世界童车小镇"。不过，从规划中可以发现，周边地域将会对曲周的产业发展形成压制。曲周县缺少喷漆、电镀和模具

制造环节，园区企业要去平乡县或天津市进行电镀，去南方注塑。这加大了生产和物流成本，为此当地提出要打造全产业链。

自行车行业的技术和组织特点

脚踏自行车一般是由整车组装厂向供应商购买零部件，通过精密机械装配线进行组装与销售的。自行车的零部件涉及金属、橡胶、塑料等材料的加工，关键的模块及零部件包括齿轮及控制（刹车）系统、车架（总成系统）和轮胎轮辋等。在自行车行业发展初期，企业多为垂直一体化组织。现在，专业化制造商比垂直一体化整车制造商更具竞争力，因为可以进行关键模块和零部件的技术创新。例如，日本禧玛诺公司和美国速联公司以专注山地自行车价值链高端环节、研发传统系统的核心部件变速器而居于全球垄断地位，其生产的变速器由上百个小微零件组成，制造精度达到微米级别。新冠疫情期间，中国的自行车出口曾受到进口变速器断货的影响。

自行车行业的生产范式从一体化整车制造商主导的大批量生产，逐渐转变为以大型品牌商与专业化供应商的协作网络为特征的大规模定制。例如，台资企业捷安特公司（其母公司为巨大集团）由于掌握了控制自行车市场和技术变革的系统集成能力，迅速成长为全球最大的自行车制造商。捷安特公司在台湾省内有 A-Team，在苏州有 Giant-Team，二者采取了与供应商合作行动、分担风险、共生共荣的策略。正如 2006 年 7 月我研究团队的成员对捷安特昆山公司调研时总经理郑先生所言："自行车行业是一个组装行业，所以我们很重视对配套厂的管理，希望跟配套厂创造共荣的局面。我们会有生产管理部门，也会有系统质量管理部门（System Quality Administration，SQA）。我们计划成立

Giant-Team，对配套厂进行辅导，以改善生产管理，把配套厂商组织起来去开拓捷安特的全球市场。"

2002 年，捷安特与竞争对手美利达和 11 家零部件厂商以"中心-卫星工厂"体系的形式组成非营利联盟 A-Team。其成员通过集体学习与合作行动，专注于新材料及高端自行车的研发和制造（如镁、铝、钛合金材料的研制与开发），从大批量低附加值产品转向了高单价个性化定制产品，避免了因为自行车企业迁居中国大陆地区而导致的产业空心化。捷安特又把这种联盟机制带到了苏州的昆山和太仓，嵌入当地的企业网络，与供应商合作创新。

自行车行业需要高质量发展

自行车行业，无论是生产通勤车还是运动车，抑或是生产共享车还是私家车，都需要高质量发展。创新型企业是高质量发展的主力，其竞争力的源泉是技术创新，以及技术能力和组织能力的不断累积。自 20 世纪 90 年代以来，除台资的创新型企业捷安特和美利达、上海的老牌企业凤凰和永久以外，深圳的喜德盛、广州的千里达、杭州的久祺股份、天津的金轮和富士达等创新型企业发展很快，引人注目。这些企业坚持自主创新，并倡导自行车骑行文化。在运动车方面，这些企业以健康低碳的赛事带动自行车行业升级，拓展内需市场。例如，诞生于深圳的高技术企业喜德盛公司注重碳纤维、铝合金、镁合金的研发，生产超轻山地自行车，又与中山大学材料学院合作研发更好的新材料。该公司在全球设立了 5 个生产基地，在深圳光明区建有文化休闲创意产业园，打造了深圳文博会自行车主题分会场。

从供给侧来说，自行车行业至关重要的是培育有竞争力的创新型大企业，以促进相关企业之间的紧密合作，形成协作网络。一般来说，创新型大企业各自都建有企业园区，一部分供应商可能在它的周边，另一部分供应商可能离它较远。例如，总部在深圳光明区的喜德盛公司和总部在广州花都区的千里达公司等创新型企业，其供应商分布在粤、闽、苏、浙等省；上海凤凰公司的生产基地在江苏丹阳，上海永久公司的供应商分布在苏、皖、鲁、陕、鄂、甘、冀、沪等省市。那种不了解创新型企业的空间发展战略，仅片面强调在本地产业园区内补链、延链、强链的做法是值得商榷的。简单地将企业聚集到园区中并不能保证产业的高质量发展。所谓的通过建设园区来打造产业集群，进而促进产业升级是个伪命题。另外，上述邢台和邯郸的三个县都希望能整合自行车行业发展，这需要河北省相关部门着手解决各自为政的难题。

（本文发表于 2021 年 4 月 19 日）

河北童车产业调研：合作是解决产业分散难题的关键

在中国关于产业园区的媒体报道中，集聚、集群、集约往往不加区分地重叠在一起出现。实际上，产业集聚是经济地理学者和区域经济学者探讨了百余年的专业术语。产业集聚理论可分为两类：其一是集聚（Agglomeration）理论，包括增长极、中心-边缘、产业综合体、地域生产综合体等内容，其往往以加工自然资源的大企业为核心，优势是降低生产成本；其二是集群（Cluster）理论，包括产业集群、新产业区、创新集群、区域创新系统、地方生产网络等内容，集群理论伴随内生增长理论而生，其优势是促进技术创新。集群理论有两大分支——美国学者波特（M. Porter）提出的产业集群（Industry Cluster）理论和意大利学者巴卡提尼（G. Bacattini）提倡的新产业区（New Industrial District）理论。

两类产业集聚理论的共同特点都是从自发的产业集聚现象认识并推导至促进集聚的战略规划。二者的不同之处在于：前者是通过打造产业综合体和产业园区，来实现经济增长的目标，例如，苏联的乌拉尔-库兹巴斯煤炭冶金地域生产综合体、日本鹿岛的石油化工综合体、中国"一五"计划时期的哈尔滨动力区和洛阳涧西工业区，以及全世界的各种出口加工区等；后者是通过集群政策，促进政产学研合作的创新社区形成，以创新驱动区域发展。

产业集群理论在欧美出现的技术背景，是计算机辅助设计（CAD）和计算机辅助制造（CAM）技术的出现，以及自动化设备导致的柔性专业化。这使得垂直一体化的大企业得以在组织和空间上实现分离。中小企业集群的活力彰显，典型例子是意大利艾米莉亚-罗马涅大区、德国巴登-符腾堡州、美国加州硅谷等地。在这些地方，地理上邻近、具有产业联系且相互影响的企业和机构形成了产业集群。在以下两个条件下，基于诚信的利益相关者之间的地理邻近可能促进产业融合和知识溢出：一是集群里有行业协会、知识产权服务机构等，其能够促进企业合作和产学研合作；二是定期地或不定期地举行各种正式或非正式的交流活动，这使集群成为和谐的产业社区。

在全球化的背景下，发达国家跨国公司的离岸外包模式（Offshoring Outsourcing）会导致发展中国家专业化产业区的形成。这种产业区看似中小企业集群，但在企业之间往往存在追逐低成本的恶性竞争，这种集群是依赖型的"集聚陷阱"。为此，世界银行和联合国工业发展组织等国际机构，以及研究发展中国家集群的专家们一再强调，需要通过合作行动（Joint Action）来提高集体效率（Collective Efficiency），使这类中小企业集群摆脱依赖，走向创新。

产业园区和产业集群属于两个不同的理论体系。打造产业园区不一定能发展产业集群，发展产业集群也不一定需要建设产业园区。

从产业组织来说，大型企业集团（尤其是机械和电子信息企业）需要优选供应商来建立供应商协作网络，包括局限于某个地域范围内的供应商园区和远距离的供应商系统。由于大企业在技术或市场方面的强势，其供应商网络一般不需要地方政府的干预。然而，对于势单力薄、孤立且地理分散的中小企业来说，如何"抱团"合作，是需要地方政府重点关注并予以政策支持的。

河北邢台市的平乡县、广宗县和邯郸市的曲周县是相邻的三个县，都以生产自行车和童车为特色产业。平乡县面积为 406 平方公里，广宗县 503 平方公里，曲周县 667 平方公里。平乡县人口数量为 30 万，广宗县 34 万，曲周县 53 万。从自行车和童车行业的产值来看，平乡县为 200 多亿元，广宗县为 120 多亿元，曲周县为 80 亿元。这三个县都是新一轮自行车行业地理转移的承接地，由于原有的企业空间分布散乱，因此目前三县都分别规划和投资建设了产业园区。

自行车行业在平乡县、广宗县和曲周县的"野蛮生长"，源于 20 世纪 70 年代末自发形成的自行车零件市场。由于假冒伪劣产品盛行，1983 年该市场被政府取缔。不料在与广宗县一河之隔的冯马乡邓桥村，自行车零件市场又冒出来了。其再次被政府取缔后，自行车零件市场又在邯郸市曲周县于子口村出现。民营企业和个体户发展自行车行业的欲望难以被遏制。1997 年，平乡县政府建成了"中国自行车零件城"，开业现场人声鼎沸。

2021 年 4 月，我应邀参加了河北省工业和信息化厅组织的，由来自中国工程院战略咨询中心、机械工业信息研究院、河北省宏观经济研究院、河北省社会科学院、西门子数字化工业集团的专家组成的团队，实地考察了曲周县和平乡县的童车、自行车企业和公共服务平台，并与邢台、邯郸两市及曲周、广宗、平乡三县政府的相关负责人进行了座谈。

在平乡县我了解到，来自江苏昆山的好孩子公司和来自天津的富士达公司显现出自行车龙头企业对本地供应商的引领作用。好孩子公司注重基础材料的研究、产品的设计开发和生产工艺的管理，精益生产和自动化水平高；富士达公司在平乡县的工厂规模较大，该公司选出优秀供应商组建 B-TEAM 团队。这两家企业属于外来型企业，它们的生产规模和人员数量均在河北省处于领先位置，产品质量和管理水平也相对较高。

在邯郸市曲周县我了解到，县工业设计创新中心主任谢秀立是曾在深圳坐标跨界设计公司工作过的返乡创业者。该中心设有童车设计部门，其潜力很大，为绿源童车公司设计的"LY-S600 婴儿折叠手推车"等已获国家新型实用技术专利。本地龙头企业亿航公司和健儿乐公司的童车生产已具有一定规模，但模具费、材料费、设计费和时间成本都很高。童车小微企业众多的河南瞳镇投资建设了有 7 个生产车间的"自行车童车强村富民联营基地"，该镇有 150 多个童车品牌，用基地负责人的话来说，企业是"船小好调头"。

自行车行业属于集中型产业

自行车行业属于集中型产业。这么多的小企业都要自己创品牌，这从规模经济和范围经济的角度而言是不合理的。从全世界来说，自行车和童车行业的市场占有率集中于几个龙头企业，例如捷安特公司和好孩子公司。大企业通过建立供应商联盟来发展自行车行业。如果没有大企业，自行车行业很难真正发展起来，因此必须适当提高自行车行业的产业集中度。

现在，这三个县的相关负责人坐在一起，探讨未来如何发展，这是关于"合作行动"的良好开端。首先要做的是统一思想，即三县童车产业整合发展是趋势，也是三县的共同愿景，更是省工业和信息化部门愿意看到的格局。"低小散扎堆"不是产业集群，而是集聚陷阱。如果不能持续创新而只靠低成本同质化的竞争，发展是不可持续的。不过，因为龙头企业的供应商并非一定在本地，所以要从企业的实际需求出发，了解企业的市场定位和空间战略，深入调研企业到底在想什么。我们参观了好孩子公司展示未来向智能母婴家居领域多元化发展愿景的展馆，据相关负责人称，有些产品不一定会放在本地，因为本地的产业基础不足。因此，我建议省级职能部门协助设立某种跨区域的产业发展协调机制，以引导产业发展方向，推动集体效率的提升。三县要合成一股劲，拧成一股绳，深耕童车制造业。

关于两市三县童车行业协调的具体建议

第一,协助童车行业中小企业疏通内外市场。例如,基于两市三县数百亿元的产业规模,与平台企业如京东、淘宝、拼多多等,谈判建立集体品牌推广机制。从质量保障、童车评价,到童车高质量创新,再到品质童车定制,逐步升级。在内外循环的模式中,可同步与国外电商渠道合作,进行集体品牌拓展,引导部分童车品牌积极开拓全球市场。

第二,三县的童车相关企业应联合起来,建立童车行业协会。创新型产业集群的核心机构是行业协会。正如经济合作与发展组织(OECD)在文件里强调的促进合作的机构(Institution For Collaboration,IFC)。只有把三县的童车相关企业的主动性发挥出来,建立行业自律组织,才能加强相关企业的合作,避免恶性竞争,提高集体效率。行业协会不是政府组织建立的,而是核心企业组织建立的。要学习国内其他特色产业区的好经验,例如,深圳光明区(钟表行业)、宁波宁海县(文具行业)都十分重视行业协会的建设。童车行业协会的作用是引导和培育三县童车的创新型企业,通过建设企业标准与提升服务能力,以及组织会展、论坛和其他交流活动,支持集体品牌与童车特色品牌的共同升级。

第三,加强曲周县工业设计创新中心的能力,并将其升级为冀南地区的创新中心,使它服务于两市三县的童车相关企业。创新中心应运用互联网零售平台的童车大数据进行定制设计,并与企业联动进行更多的设计合作、营销合作与推广合作,以打造适应市场需求的高质量童车。创新中心应推动两市三县的童车相关企业与大学合作,进行新材料等方面技术攻关与技术成果转化。创新中心可推动童车产业技术路线图的编制,并运用揭榜制等方式积极开展产业公共技术研发。在此基础上,当地可发展包括物流、会展、电子商务等在内的生产服务业。

第四，通过集体品牌的打造，争取使本地童车相关企业进入小米、西门子等数字化领先企业的合作伙伴生态圈，借助其全面的业务组合和实践能力，对童车行业进行数字化改造。在此基础上，通过企业的"制造+服务"模式，将童车、玩具和儿童生活用品等的生产活动做系统化重构，让其成为具有高技术含量的产品。

为此，三县需要转变思想观念，统一规划童车行业用地，优化营商环境，提高政府服务效率，组织共同的招商团队与服务团队，切实解决企业发展的实际困难，抓住新一轮童车相关的产业转移发展机遇，在产品互联网营销、集体品牌建设、大数据设计与定制、检验检测功能平台建设、研发外包服务建设、童车跨境电商渠道构建等方面积极探索新路。

（华南师范大学林涛副教授、中南财经政法大学梅丽霞副教授、机械工业信息研究院先进制造发展研究所陈琛所长都参与了本文的补充和修改工作，特此致谢）

（本文发表于 2021 年 4 月 26 日）

关于制造业集群数字化转型的思考
——以广东省为例

"技术变化-组织变革-地理空间变化"是认识城市和区域发展的逻辑脉络。在发达国家，自20世纪70年代中期开始，计算机辅助设计和制造（CAD/CAM）、柔性制造系统（FMS）使柔性专业化取代了大批量标准化的生产方式。大企业垂直整合的价值活动在分离，同时，专业化中小企业的分工合作使交易费用减少、生产效率提高。意大利东北部、德国南部及美国西部，柔性专业化的产业区成为战胜经济衰退的"经济之星"。意大利学者贝卡蒂尼（G. Bacattini）基于马歇尔的著作《经济学原理》中的产业区概念，提出了新产业区（New Industrial District），强调中小企业嵌入社会网络的创新氛围，这是产业集群理论的重要分支。

无独有偶。20世纪80年代末，美国学者波特（M. Porter）的研究组对10个重要的贸易国家的调研发现，它们各自在特色产业中获得了国家竞争优势，而能够持续向多国输出产品、技能和设备的特色产业是高度地方化的，如意大利比拉和普拉托的毛纺织、德国索林根和日本关市的刀具、日本滨松的乐器、瑞士巴塞尔的制药、丹麦海尔宁的风车等产业。波特强调产业集群区位及其知识和关系等地方要素的重要性。他总结了由要素条件和需求条件及相关支撑产业、企业战略、结构和竞争等4个条件所组成的国内环境。波特的集群理论强调提高生产率的竞争性商业环境及创新的决定因素，这是产业集群理论的另一个分支。

20世纪80年代末以来，世界制造业的数字化变革不断深化。2012年美国通用电气提出"工业互联网"概念，2013年德国提出"工业4.0"计划，2013年美国布鲁金斯学会提出"创新街区"（Innovation District）概念。"工业4.0"计划最大的项目位于德国的工业腹地——北莱茵-威斯特法伦州（北威州）的东威斯特法伦-利普地区（Ostwestfalen-Lippe，OWL）。该项目由政府牵头，约200家公司、16个科研机构和6所大学联合开发中小企业数字化转型的解决方案，构建智能技术系统，这成为产业界和学术界合作的创新集群典范。此外，在巴塞罗那、柏林、伦敦、斯德哥尔摩、蒙特利尔、多伦多、麦德林、首尔、新加坡等城市的创新街区，各个创新主体在数字化公共空间里进行社会化的交流和合作，传统的创新生态系统正在与数字生态系统融合。

改革开放以来，中国出现了不计其数的专业化产业区及中小微企业的分工网络，其中，浙江的专业化产业区和广东的专业镇最早被学者们所认知。例如，珠三角西部的专业镇，从20世纪80年代初期的"顺德一把扇（电风扇）""中山一部机（洗衣机）"，发展到90年代中期的顺德容桂的家电、中山古镇的灯饰、南海西樵的纺织等，本地企业家抓住国内外市场机遇，演绎着动人的产业故事。不过，其技术背景是基于廉价劳动力和土地进行的大批量标准化生产。

如今，中国已完成了工业化的原始积累，柔性专业化分工的发展阶段已经到来，制造业集群正在推动数字化转型，以减少产业环节间的信息鸿沟和数据孤岛。电商从销售端积累消费大数据，分析产品改进要求或创新需求，推动制造业企业的产品创新。2021年，我在河南省长垣市参加了"中国起重机产业集群智慧发展峰会"，深受几位智能制造专家的演讲的启发。下文以我比较熟悉的广东省为例，来对制造业集群数字化转型进行探讨。

广东省开展了数字化转型的试点工作

原广东省经信委于 2017 年启动了"工业互联网产业生态供给资源池"项目,引进和培育工业互联网平台商、系统集成商和服务商。广东省工信厅从 2019 年开始进行产业集群数字化转型的顶层设计,提出试点工作方案,将市场主导与政府引导相结合,由系统集成商和工业互联网平台商、服务商牵头组建产业联合体,筛选基层政府思路清晰和集群企业积极踊跃的起步区域,摸清集群的产业现状和企业分布,制定集群短板突破计划和集群转型路线图,提出产业升级路径,通过共享多种设备和服务的共享制造平台,整合多样化的制造资源。广州花都狮岭箱包皮具、东莞模具、汕头玩具、湛江廉江小家电、中山古镇灯饰等产业集群开展了两期数字化转型试点工作,将品牌商、加工厂、原材料商等精准连接。

例如,广州盖特软件有限公司适应了狮岭箱包皮具企业大规模、多批次、小批量生产的要求,使价值链各环节企业能够在线接单、比价、评估、交付。广东精工智慧系统有限公司联合阿里云为顺德小家电产业集群制定了数字化转型方案,用云平台和成套数字化系统为康宝集团、威博电器、华天成电器等 200 多家企业服务,实现了内外部互联,提升了生产效率,降低了仓储成本。佛山塑模集群企业通过广东智塑科技互联有限公司的 App 扫码功能,掌握模具生产流程的参数和进度,实现了不同品牌设备之间的协议兼容。此外,齐思达信息科技有限公司则注重服务于企业信息安全领域,腾讯集团在顺德上线了惠企平台,提供普惠金融服务和风险管控服务。

佛山市顺德区兴起了机器人产业集群

佛山市顺德区是以家电、机械、家具、五金等行业为特色的制造业强区。近些年，劳动力红利减少，一些企业找到德国库卡、瑞士 ABB、日本发那科、日本安川等公司的中国代理商，寻求机器人解决方案。现在，顺德诞生了一批系统集成领域的本地机器人企业，如原先从事不锈钢行业的利迅达机器人、原先从事五金夹具行业的嘉腾机器人、原先提供拉链机等产品的三扬科技、原先从事注塑机生产的伊之密机器人、服务美的等家电企业起家的隆深机器人等，形成了包括集成应用、本体组装和核心零部件制造等企业在内的机器人产业集群。顺德村级工业园改造也有力地助推了机器人产业的发展。隆深机器人与日本川崎机器人在顺德成立了合资公司。德国 KUKA 集团的库卡机器人（广东）有限公司落户顺德北滘镇。美的、格兰仕等企业带头，300 多家规模以上企业共使用了 5000 多台机器人。

机器人产业集群的发展后劲源于产学研合作。针对减速器、伺服电机和系统、控制器等关键零部件和部分系统集成技术仍靠进口，以及技术人才不足等问题，由机器人企业、高校、科研院所等共同组建了华南智慧机器人创新联盟。库卡机器人与华南理工大学、顺德职业技术学院、华南智慧机器人创新研究院等机构合作，培养工业机器人人才。德国汉诺威机器人学院的佛山机器人学院、顺德职业技术学院华为数字化转型培训学院、华为信息与网络技术学院等院校都在应用人才教育方面发力。

欧盟的精明专业化战略值得借鉴

顺德的机器人产业在传统制造业集群中的兴起，与欧盟的精明专业化（Smart Specialization）战略中的企业家发现（Entrepreneurial Discovery）类似，即在相关产业的互动中实现知识溢出，在成功的现有集群中诞生新的产业。精明专业化战略可以导致技术多元化，从而促进更高附加值的相关活动。

下一步，专业化乡镇特色产业的转型之路如何走？可以参考欧盟的精明专业化战略。据 2020 年《欧洲集群和产业变化全景报告》，欧洲现有至少 2950 个产业集群，覆盖 51 个行业。近几年来，欧盟实行了精明专业化的区域创新政策，将规划逻辑（Planning Logic）和企业家发现逻辑（Entrepreneurial Discovery Logic）相结合（或许可以理解为自上而下的政府引导与自下而上的市场主导相结合）。精明专业化战略是在 2009 年欧盟"知识促进增长"专家组研讨跨大西洋（即欧盟与美国）生产力差距的战略报告中，瑞士教授多米尼克·费瑞（Dominique Foray）和荷兰教授巴特·范·阿克（Bart van Ark）所提出的政策建议。

该政策首先在区域层面确定有竞争潜力的战略优先领域，其次针对同一优先领域在战略转型过程中需要解决的问题，精细化地提出实现转型的关键步骤，包括人力资本的形成、研发基础设施的建设、技术的融合和采用、网络的生成等。精明专业化既不是部门政策，也不是个别项目，其核心是创造项目和活动之间的关系、协同效应和互补性。每个规划的优先领域包括一个或几个部门预期的变革方向，所选的项目是相辅相成的。由于任何政府都无法获得与生俱来的智慧，无法事先了解要走的道路如何，而需要企业家在转型过程中去发现，所以精明专业化政策侧重于部署创新活动，并在区域内外的创新行为主体之间建立新的联系，以实现传统产业的转型，培育新的竞争优势。

系统地识别优先领域和进行区域转型是一项复杂的工作，因此，政府及其合作伙伴需要更加细化的知识。在精明专业化的设计阶段和实施阶段，掌握信息、数据和证据非常关键，分析的内容包括能力、竞争力、新技术趋势、资源。识别优先领域所需的数据和信息一般是结构化和刚性的，而转型路线图的政策逻辑是基于企业家的发现的，因此，其数据和信息收集也是发现的过程，且来源十分广泛。

欧盟各区域间经济和体制的差异较大，精明专业化战略考虑了地理特点，例如，在不同区域，企业家的发现是不同的。精明专业化战略对产业集群的界定与分析包括参与主体的作用与影响、监测和评估体系、知识领域和创新项目、阻碍创新的不利因素等方面。这有助于将公共资源有效集中于专业知识领域，促进产业融合，并通过用户驱动的开放式创新助力数字化转型。

（本文发表于 2021 年 5 月 6 日）

从深圳市先进电池材料产业集群所想到的

2021年9月24日,国家发展改革委在惠企纾困专题新闻发布会上提出,要加强集群培育,推进国家战略性新兴产业集群发展工程。

我研究产业集群多年,做过不少调研,建议研究者不要简单地喊"集群化"或"集群式"发展的口号,而要深入调研,考察中国集群的发展现状和实际作用。这是因为,与发达国家的集群政策强调的创新服务机构和产学研互动合作相比,现阶段中国的集群对于提高企业技术创新能力的作用还比较有限。

我对深圳市先进电池材料产业集群的经验进行了认真思考,它是工业和信息化部公布的45个国家先进制造业集群之一。深圳最初凭借劳动力成本优势发展代工(OEM)模式,后来迅速在电池领域建立了产业基础。我不由得想起我与加拿大教授布拉德伯里(J. Bradbury)于1986年发表的论文,其记录了深圳电子装配业生产录音磁带、录音机、钟表、计算器、电视等产品的情况。那时我们认为,在具有独立的研发系统之前,深圳的企业不可能实现自主创新。实际上,深圳的宝安、龙华等工业大区有众多生产和储存电池的小企业及场所。

今非昔比。中国已在全球的电池制造、出口和应用中占有非常重要的地位。新能源汽车需要高品质、低碳和本地化生产的动力电池;可再生能源需要储能电池;电子产品需要大容量、安全的电池。中国电池产业的重要性可想而知。如何进一步提升中国电池产业在国际上的竞争力?

深圳市电池材料产业的集群组织形态是否合理

据有关的报告,中国的锂电池行业正经历激烈的洗牌,头部企业产能在扩大,产业集中度在提高。

2005年,我曾带团队调研过浙江长兴县的铅酸蓄电池产业,那个所谓的"产业集群"由于血铅污染事件被中央下令整顿。我们建议提高产业集中度,以天能、超威等企业为龙头,发挥行业协会的作用,促进企业之间的合作创新。我发现铅酸蓄电池产业有小企业集群是中国和印度的特色,而比利时的电池产业则以大型自动化企业为主。

产业集中度高,即全行业的销售额被少数大型企业所控制,这是由行业设备和技术特征所决定的。在中国的一些地方,钢铁、水泥、煤炭、重型机械、轴承等集中型行业,却呈现中小企业"群龙无首"的"产业集群"现象,这是不合理的,需要提高产业集中度。

如今深圳市的电池及其材料产业的集群组织形态是否合理呢?我带着这个问题,去体会"世界电池看中国,中国电池看深圳"这个说法。我发现,在深圳,的确存在电池及其材料产业的先进制造业集群,而且发展得不错。这种现象有点像我们在《超越集群》一书所分析的深圳数字电视产业集群。数字电视产业集群在其他国家并不存在,但它在深圳的存在又是合理的。

深圳的电池及其材料产业的企业非常多,20多年来陆续成立和发展,准确的企业数量很难被查到。它们的总部都在深圳,分布在南山、宝安、龙岗、光明、坪山等各区。新能源汽车企业比亚迪是深圳电池企业的元老,是北京有色金属研究总院深圳比格电池有限公司的王传福参与创办的。

深圳在动力锂电池行业的正极材料、负极材料、电解液、隔膜等关键领域,有欣旺达、德方纳米、贝特瑞、新宙邦、星源材质等上市公司,在锂电生产设备领域有赢合科技和先导科技等上市公司。在燃料电池行业领域，雄韬股份从铅酸电池拓展至锂电池、氢燃料电池，为百余个国家和地区的通信、UPS、电动交通工具、光伏、风能、电力、电子及数码设备等产业领域提供产品应用方案与技术服务。在深圳比较知名且综合实力较强的生产电池及其材料的厂家还可以罗列一些。

这些企业多由专精特新"小巨人"企业起步，走向全国并走出国门，其技术全球领先。它们的共同特点是持续创新，而且有很多合作伙伴，辐射带动了粤、闽、湘、浙、京等地的很多电池产业的相关企业。

深圳电池材料先进制造业集群的现状

创新型集群与非创新型集群的区别在于是否存在促进创新主体交流与合作的机构（Institution for Collaboration，IFC）。工业和信息化部先进制造业集群竞赛的规则之一，是须由集群发展促进机构申请参赛。深圳市清新电源研究院是深圳市先进电池材料产业集群的发展促进机构，是2016年建立的民办机构，其基础是清华大学深圳研究生院等单位十几年前成立的先进电池与材料产学研技术创新联盟。该机构有服务企业的明确运营模式和产学研合作的服务体系架构，汇聚了电池关键材料生产、电池及模组生产制造、新能源汽车、市场应用开发、电池回收等领域的200多家成员单位（甚至包括了在福建的动力电池巨头宁德时代）、50多家集群技术创新主体，以及30名来自高校、科研院所和企业的顾问。根据2020年的《先进电池材料集群发展白皮书》（由深圳市清新电源研究院主编、十余家集群单位参与编制），2019年集群企业总产值2200多亿元，从业人员10多万人，研发投资100多亿元，集群企业2017年以来共有1000多项已授权的发明专利。

深圳市先进电池材料产业集群开展了战略研究、检测检验、标准定制、人才培训等工作，并举办了各种会展，旨在发挥企业合作的集体效率，促进合作创新。在先进电池材料产业集群的网站上，可以具体了解到该集群项目合作和集群活动的内容：集群单位联合开展了国家级重点项目等合作项目 200 余项；在大量的交流活动（如深圳国际电池展及其先进电池前沿技术国际论坛、新能源汽车及动力电池国际交流会等活动）的视频中可以看到，集群企业人员在展会上频繁穿梭，来自全国各地的专家学者在关于电池材料技术的演讲中各抒己见，精彩纷呈。2021 第二届先进电池材料集群产业发展论坛将于 10 月底举行，论坛主题是"创新引领碳中和，集群聚合新势力"，旨在把脉行业趋向，为企业提供新思路。

一些企业壮大后为了降低运输成本，需要到国外发展，例如，为电池制造厂提供锂电池隔膜解决方案的深圳市星源材质公司选择在瑞典埃斯基尔斯蒂纳（Eskilstuna）投资建厂。集群发展促进机构加强了对集群企业在知识产权方面的专业指导，以降低风险。

深圳是电池产业的人才高地，并在国内率先开展"锂电池工程师"的职称认定。除深圳市清新电源研究院以外，深圳市还有氢能与燃料电池协会、电池航协协会、电源技术学会、中清低碳科技中心，以及广东省石墨烯创新中心等一批促进创新主体合作的机构。

回顾理论，思考深圳先进电池材料集群的发展道路

集群企业是利益共同体，有着共同的发展愿景和使命。深圳市先进电池材料产业集群的培育，并不是像国内一些所谓的"集群化"或"集群式"发展那样，重在自上而下地规划和布局、盖总部大楼、建园区和新城，而是通过实实在在

的集群治理，使集群企业和相关机构向着共同的目标而努力。

在这里，我简述一下集群理论两大学派的情况。其一，美国哈佛商学院学者波特（M. Porter）的《国家竞争优势》一书强调了集群区位战略之于企业绩效和国家竞争力的重要性。波特认为，集群是在相关产业领域中既竞争又合作的企业和相关机构（例如大学、技术标准机构、商会）的地理集聚。他用"Critical Mass"（临界质量）这个描述原子反应过程的术语来阐明集群的威力，后来，我们把它理解为"核爆中心"。企业群聚效应具有足够的动量，以至于可以使企业自我维持，并为以后的成长提供动力。当知识和技术积累到一定的临界点，新技术就会像裂变反应一样爆发并剧烈扩展。波特认为集群是企业的"Home Base"（我理解为全球性企业在母国的基地）。其二，意大利学者贝卡蒂尼（G. Bacattini）和布鲁斯科（S. Brusco）研究了19世纪马歇尔分析的产业区现象的重要性，提出了新产业区，指出基于社会网络的地方集群能激发技术创新。他们强调了"Embeddedness"（嵌入性），即经济行为会嵌入所在地域的社会关系网络中。地方特有的创新氛围会影响网络节点的经济行为，并吸引新节点的加盟。

国际经验表明，竞争优势产业在地理上是集聚的，创新和竞争的成功取决于产业的联系与互动。产业集群可以理解为，创造产品和服务的一组企业由于共同的技术、市场或需求而"扎堆"。集群是具有共同愿景的"产业命运共同体"。创新型集群中的企业需要共同分析问题和商讨解决问题的途径。政府官员和相关学者是集群企业的合作伙伴。这些集群成员心往一处想，劲往一处使，形成团结协作的产业社区。产业的竞争力由此而生。

动力电池是目前电动汽车中成本最高的核心零部件。2019年的诺贝尔化学奖授予了三位从事锂电池研发的卓越科学家，他们分别来自美国、英国和日本。中国的电池研发水平与国际先进水平相比还有差距。尽管目前中国在全球电动汽车电池市场中占有近半的份额，但法国、德国、英国、瑞典等国的电池产业已经崛起。特斯拉在美国加州的电池工厂已经动工。况且中国的锂矿资源有限，中国的电池及其材料产业的发展还面临很多的不确定性，全球竞争格局还有可能被打破。深圳作为中国电池及其材料产业技术创新和制造的重要基地，还应进一步发挥先进制造业集群的作用，为提高中国电池及其材料产业的竞争力作出更大的贡献。

（本文发表于 2021 年 10 月 6 日）

从创新集群的视角谈谈武汉光电子信息产业

2021 年 11 月，湖北省经信厅邀请我参加 2021 中国"5G+工业互联网"赋能先进制造业集群融合发展专题会议并发表主旨演讲。这对我来说是个挑战。武汉是世界瞩目的重要城市，既有工商文明的厚重历史，又有创新驱动的科技蝶变。武汉产业部门繁多，结构复杂。在多个产业集群中，我只能聚焦其一。我拟从创新集群的视角剖析武汉光电子信息产业的发展现状。

33 年前成立的武汉东湖新技术开发区（简称东湖高新区）是最早一批的国家级高新区之一。魏心镇（中国人文地理学家，曾任北京大学地理系教授）老师和我 1993 年在国家自然科学基金项目的研究成果《新的产业空间》一书中记载，武汉光纤通信技术居于国内前列，东湖高新区的智力资源等多项数据在中西部高新区中名列前茅。我曾去过中国最早的科技企业孵化器"东湖新技术创业者中心"，看到楚天光电子（现在的楚天激光）的激光雕刻产品，当时想帮他们联系制衣和制鞋企业，用激光切割下料。不过，后来有一次我在别处听到某企业老板对武汉"光谷"的提法不屑一顾，不免对武汉光电子相关产业的发展前景有些疑虑。

武汉光电子信息产业的现状

现在，武汉市在光通信、激光与智能制造、光电显示、光电传感、无线通信、精密光学等与光电子相关的产业领域，已经呈现了创新型企业和相关机构共栖、共生和共荣的格局。

在光通信（光纤光缆、光芯片-光器件-光模块-光通信设备）领域，有国家信息光电子创新中心、长飞光纤光缆制备技术国家实验室等研发平台，以及光迅科技、长飞光纤、烽火通信、华工科技、凡谷电子等大量的企业，有的已成为国际知名企业。在激光与智能制造领域，有武汉光电国家研究中心、光谷实验室等研发平台，以及华工科技、锐科激光、逸飞激光、楚天激光等很多企业。在光电显示领域，在上游发光材料、检测设备等"卡脖子"环节的攻关和产业化方面，有武汉大学、华中科技大学、武汉光电国家研究中心、光电显示产业创新中心和中试基地等高校和研发平台，以及华星光电、天马微电子、京东方、精测电子等50多家上下游企业。在光电传感领域，有华中科技大学、武汉大学、武汉理工大学、高德红外微机电与传感工业技术研究院等高校和研发平台，以及高德红外、理工光科、久之洋、豪威科技等企业，光电传感器产业的竞争力正在增强。在精密光学领域，光电子与医疗器械的跨界融合尤其突出。在无线通信领域，下一代互联网接入系统国家工程研究中心等研发平台与中国信科、华为武汉研究所、光迅科技、华工正源、慧联无线、烽火集成、斗鱼公司等企业进行合作，开发5G应用市场，探索创新场景。

我从资料中感受武汉光电子信息产业集群的创新活力

创新集群是地方创新系统。创新是集群中各类行为主体（企业、相关机构、政府等）互动的社会过程，需要行为主体合作并坚持有益的学习和交流。创新嵌入地方的社会、文化和制度中。地方产业氛围可以培育对某种产业的创新敏感性。创新需要技术专业化和跨界合作，复杂技术的创新往往发生在产业交叉融合领域。

我很兴奋地从资料中感受到了武汉光电子信息产业集

群的创新活力。

（1）创新型企业繁衍。武汉是创业热土，华中科技大学、武汉大学、中国科学院武汉分院、武汉邮电科学研究院等很多机构都创建了企业，并孵化出一批上市企业，如华工科技、理工光科等。东湖高新区有各类科技企业孵化器和众创空间百余家，在孵企业6000多个。武汉光电工研院是国家级科技企业孵化器和众创空间，孵化了160多家企业。武汉科技成果转化平台也发挥了重要作用。此外，归国人员创办的企业也不少，例如华引芯、聚芯微、锐科激光、美格科技等。创建于武汉的华灿光电又衍生出优炜星公司。在武汉光电子信息企业中，尚赛光电、华引芯、优炜星、聚芯微电子、极目智能等都是专精特新"小巨人"企业。

（2）产业联系密切，交叉创新出现。光电子相关的产业领域很多，光电子细分领域之间、光电子与医疗器械等技术之间发生交叉创新。沃忆生物、和视光声、量准科技等企业都是在光电子与医疗器械的交叉融合中成长起来的。其中，沃忆生物从事光电类医疗仪器的研发和制造，通过公开竞标，该企业拿到了武汉光电国家实验室（筹）显微光学切片断层成像系统（MOST）的技术专利，并不断进行脑神经科学与三维脑成像设备的创新［编注：武汉光电国家实验室（筹）是武汉光电国家研究中心的前身］。全球知名企业英特尔、三星、新思科技等都在武汉设有研发中心或工厂，国内数十家创新型企业的华中总部落户武汉，它们与华为武汉研究所、烽火、梦芯、小米、芯动、高德红外等在武汉的多家企业都有互动交流。武汉的部分光电子信息企业建有跨国和跨省市的研究机构和生产基地。光纤光缆、光器件等产品在海外市场的占有率正在逐步提高。

（3）专业技术力量不断积累。武汉光电子信息产业的突出优势是较深厚的技术基础。原华中工学院（现华中科技大学）无线电系创办于1960年，在朱九思［编注：历任华中工学院（华中科技大学前身）副院长、院长、院长兼党委书记等职，为华中科技大学的建设与发展作出了特别重大的贡献］等老领导的推动下，原机一系于 1970 年创办了光学仪器和激光专业，十几年后成立了光电子工程系。在几代人的努力下，光学与电子信息学院培养了数万名专业人才。现在，武汉多所大学都有光电子信息相关的专业，每年培养 5000 余名人才。武汉市实施了大学生留汉、校友资智回汉、海外科创人才来汉等工程，2020 年留住了 32 万名高校毕业生。湖北省 2021 年 10 月又发布了"才聚荆楚"工程的 20 条措施，加大吸引人才的力度。众多研发平台都为武汉光电子信息专有要素的积累贡献了力量，例如国家信息光电子创新中心创建的光电芯片工艺平台和光电集成研发平台、华为与武汉光电国家研究中心联合设立的先进光技术联合实验室、武汉光电国家研究中心、长飞公司光纤光缆制备技术国家重点实验室、光谷实验室、湖北省九峰山实验室等多个研发平台和实验室，以及华为长江鲲鹏生态创新中心等多家企业的创新中心等。

（4）集群发展促进机构组织了大量的交流活动。武汉光电工研院在拓展光电子创新合作网络、建立国内外科技交流和业务创新的渠道方面做了很多工作。武汉市科技成果转化局为激发高校科研潜力并促进企业孵化，成立了科技成果转化专项基金，并举办了多场大中小型专场活动。武汉产学研生态系统的形成，还得益于武汉光谷光电产业联盟、光谷光电中小企业协会、武汉市高新技术产业协会等组织的努力，例如，武汉光电协会携 10 多家企业，抱团走进华为武汉研究所学习。此外，工业和信息化部等九部委和湖北省人民政府共同主办的"中国光谷"国际光电子博览会暨论坛（简称武汉光博会）、工业和信息化部和湖北省人民政府共同主办的中国 5G+工业互联网大会等，都有效促进了产学研的交流和合作。武汉光博会吸引了国内外最新的成果，是对外交流的重要窗口。

（5）制度创新是武汉光电子信息产业集群保持创新活力的保障。1988年，武汉建立了东湖高新区。1998年，原华中理工大学（现为华中科技大学）黄德修教授向武汉市科委递交了创建"中国光谷"的建议。《东湖国家自主创新示范区发展规划纲要（2011—2020年）》《武汉市人民政府关于促进东湖国家自主创新示范区科技成果转化体制机制创新的若干意见》（武政〔2012〕73号）《武汉市加快光电子信息产业集聚发展规划纲要（2014—2020年）》，以及国家相关部委和武汉市在科技金融创新方面的政策等，都卓有成效。目前武汉的科技金融机构超过1500家。作为发展科技金融的重要平台，武汉光谷金控集团有力地支持了武汉的创新和创业。

我为武汉光电子产业集群的发展提出几条建议

光电子信息技术至关重要，涉及医疗、通信、航空航天等众多领域。光电子信息产业正在快速崛起，市场需求激增。为了应对激烈的国际竞争，必须培育先进制造业集群，使地方创新主体通力合作，结成具有共同愿景、共同使命的创新型产业社区。

武汉光谷尽管成绩斐然，但尚存在不足。面对未来的不确定性，亟须改变"从千亿级集群发展到万亿级集群，量变必然带来质变"，以及"发展全产业链"的惯性思维。我认为，明确武汉光电子信息产业集群的创新使命应该是第一位的，特此提出以下不成熟的建议，仅供参考。

第一，找准与世界先进技术水平的差距，开展联合攻关。第二，发挥各类集群促进机构和创新平台的作用，推动科技成果转化，深入改革教育科研体制和知识产权制度。第三，强化武汉在激光、光纤、光通信等领域的独特优势，找准市场需求，重视用户驱动的创新，例如，瞄准本地的医疗器械、汽车、钢铁、物流、服装等行业企业的应用需求进行交叉创新。第四，强化集群内部联系，促进企业之间的交流，建立"政-产-学-研-金-介-用"创新生态系统。第五，进一步培育创新型企业，尤其要重视对成长中的"专精特新"企业的支持。第六，发展与集群外部（周边城镇、国内外其他城市）相关机构和企业的技术联系和产业联系。第七，继续创造良好的生活和工作环境，提高对各类人才的吸引力。第八，在规划方面，要重视创新空间的落地。

写到这里，我想起一位邻居曾高兴地告诉我，他的双眼装上了蔡司（Zeiss）三焦点晶体，这一并治好了白内障等眼疾，他也摘掉了戴了五十多年的眼镜！我查到这家在全球光学创新领域领先的企业是 1846 年在德国耶纳（Jena）创立的，总部位于奥伯科琴（Oberkochen）。我在地图上找到奥伯科琴小镇，它就在以创新集群而闻名的德国巴登-符腾堡州。《创新的空间》一书还特别介绍了巴登-符腾堡州创新集群的经验。

（本文发表于 2021 年 11 月 17 日）

关于苏州新制造发展的思考

应苏州大学东吴智库和苏州市发展研究院之邀,我于 2021 年 12 月 17 日参加了线上举行的"2021 对话苏州新制造发展论坛",这使我陷入了对苏州新制造发展的思考。

1961 年,我高中时写过题为《虎丘游记》的作文,登过天平山"乌龟望太湖"那块山石。母亲带我去苏州给外公扫墓,顺便去沧浪亭、网师园等园林游玩。三轮车每过一座小桥,我就下来助力推车。1992 年,我看到了《昆山开发区》宣传册,其主要是介绍靠近上海的地理优势。当时,在国家科委认定的第一批国家级高新区中,苏州高新区属于"中中外"型,即中国的土地、中国的劳动力、外国的技术,可见苏州的技术基础非常薄弱。

2000 年,罗家德(现任清华大学社会学系教授)老师约我和童昕(现任北京大学城市与环境学院副教授)去昆山调研。2003 年,我们合作的《东莞和苏州台商 PC 产业群的比较分析》一文发表。该文写道,华硕、明基、鸿海等台商在苏州设厂,带动大量中小供应商落户吴江、昆山等地。该文指出,"筑巢引凤"式发展成功的关键在于促使外来企业实现本地化并落地生根,成为当地新技术和新企业的"苗床",否则这些区域仅仅成为外来企业的"飞地",难以永续发展。2004 年,《地理学报》发表了杨友仁、夏铸九的文章。文章指出,在全球价值链不对称的权力关系下,零部件供应商受制于库存压力而形成"在地化聚集"现象,以满足即时供应需求。

苏州经历了创新活力持续提升的过程

苏州向来以发展外向型经济的工业强市著称。1994年，新加坡"国父"、前总理李光耀亲自选定苏州建立工业园区。后来，苏州工业园区成为中国对外开放的范本。苏州市政府网站显示，截至2020年年底，共有156家国（境）外的世界500强跨国公司在苏州投资。曾经有人发现，苏州的园区经验是以"亲商"为主要内容的。一般来说，园区开发的目的只是招商引资，吸引足够的企业和机构在园区集聚，使企业优势互补，并通过节能减排、降低物流成本等措施，获得经济增长，但这与技术创新没有必然的相关性。

工业园区如果依赖外资，搞不好会成为进一步发展的掣肘。跨国资本随时可能找到初级生产要素成本更低的地方，继而突然在当地消失。

苏州是有经济韧性的城市。8·2昆山工厂爆炸事故、中美经贸摩擦和新冠疫情都没能阻止苏州制造的发展。从乡镇企业异军突起，到外向型经济突飞猛进，再到新一代创新创业，苏州经历了创新活力持续提升的过程。

在《中国海关》杂志"2020年中国外贸百强城市"名单中，苏州高居第三。在赛迪顾问发布的"2021城市数字化转型百强榜"中，苏州排在第十位。在赛迪顾问发布的先进制造业百强市（2021）榜单中，苏州排在深圳和广州之后，名列第三。苏州拥有专精特新"小巨人"企业近400家，居全省第一。

如果把外资为主的贴牌代工称为"苏州旧制造"，那么，经历了部分外资撤走的阵痛期，苏州新制造走向何处？当下的苏州工业园区已变为"经开区+高新区+自贸区"三区叠加的新城区，正在发展生物医药、纳米技术、人工智能三大新兴产业。是什么使得这个新城区能够发展新兴产业呢？

我觉得苏州市纳米材料集群做得很不错

2021年12月初，我看到了一档专题视频节目《科创源动力》，节目选取深圳、武汉和苏州作为代表城市。在阐述苏州的创新活力时，节目强调地方政府具有前瞻性的战略眼光，挑选生物医药产业和纳米技术应用产业等少数朝阳产业，建立市场化的体制机制，保证问题导向和实用导向的产学研联动。

苏州市的创新"源动力"并非政府的战略眼光本身，而是创新人才的培养、创新型企业的繁衍和创新集群的培育。问题导向和实用导向的产学研联动的市场化机制，就是创新集群（或先进制造业集群）的机制。创新集群是在集群发展促进机构的作用下，在良好的法制环境中所形成的充满创新氛围的产业社区，它能够不断催生新产品和新服务。

在2021年3月工业和信息化部公布的先进制造业集群决赛优胜者名单中，苏州市纳米新材料集群入选。这个集群与苏州工业园区的"科技招商"有关。从2006年开始，园区先后引入了中科院苏州纳米所、纳微先进微球材料应用技术研究所等多家科研机构，以及纳米真空互联实验站等20多个公共技术服务平台，并搭建了国际合作服务平台，引入了中芬纳米创新中心等国际纳米创新中心。园区在纳米材料端和应用端，引进和孵化企业近900家，脱颖而出的企业有苏州纳芯微电子、胜科纳米、桐力光电、苏州优备精密、敏芯微电子、速通半导体、明镐传感、思瑞浦、纳微科技、明皜传感、感芯微系统、度亘激光、东微半导体、阿诗特能源、旭创科技等。

苏州工业园区连续 12 年举行中国国际纳米技术产业博览会（简称纳博会），纳博会包括技术前沿高峰论坛、行业报告、新产品展览、产学研合作签约等高频率、高强度的正式和非正式交流活动。一年前成立的姑苏实验室亮相第十二届纳博会。该实验室有明确的愿景和使命，即对标科技前沿，瞄准国家任务，以产业需求为牵引，主攻电子信息材料、能源环境材料和生命健康材料的关键技术，探索产学研合作和跨界融合新机制。姑苏实验室很有前瞻性，必将大大加强苏州乃至全国制造业的材料科学基础实力。

苏州纳米科技发展有限公司是苏州工业园区直属国有企业，负责建设苏州纳米城，成立纳米产业技术研究院，提供知识产权、纳米标准化、投融资、项目孵化、技术转移等产业服务（如微纳机电制造的中试服务、纳米应用细分产业领域的知识产权服务等）。通过午后茶、技术研讨会、投资俱乐部、产业培训等多种交流活动，推动政府部门、科研院所、风险投资机构、科技中介、传统企业、纳米技术企业之间的互动合作，加快用户驱动的创新。苏州纳米城有 11 家企业获评江苏省生产力促进中心 2021 年潜在独角兽企业，13 家企业获评瞪羚企业。

建设园区作为提高产业创新能力的政策措施的前提，正如荷兰埃因霍温（Eindhoven）高技术园区那样，是要以营造创新集群为使命。埃因霍温高技术园区是全球纳米材料企业的集聚区之一，跨国公司、中小企业、初创企业、研究机构和服务型企业组成开放式创新的生态系统，在基础研究、技术应用和工业研究领域进行知识交流。苏州市的创新"源动力"从苏州纳米城的中英文网站上可见一斑。苏州市的纳米材料研究和应用还需不懈努力，才能获得持久的竞争力。

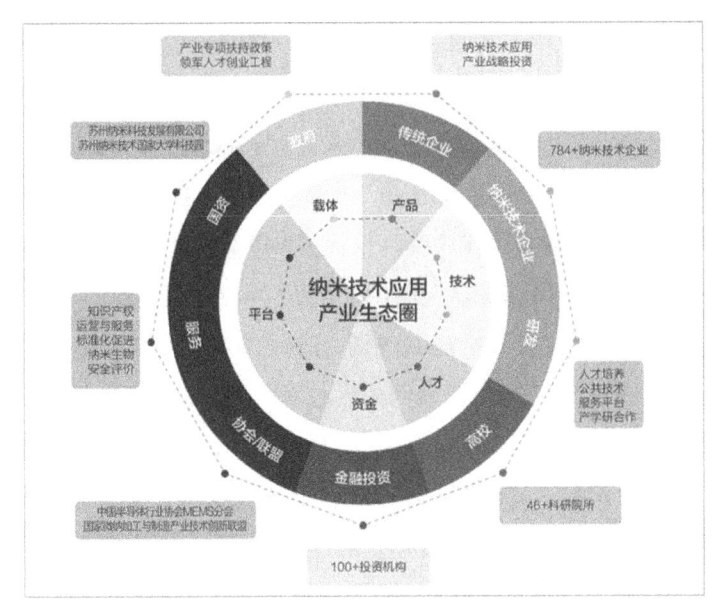

图 5　纳米技术应用产业生态圈

（图片来源：苏州纳米城官网）

先进制造业集群发展中的跨界融合很重要

我阅读了 2021 年 3 月 10 日苏州市发布的"十四五"规划全文。规划提到了发展苏相合作区，推进苏州工业园区与吴中、常熟等合作园区的建设；提出了培育十大先进制造业集群，包括生物医药和高端医疗器械、新型显示、光通信、软件和集成电路、高端装备制造、汽车及零部件、新能源、新材料、高端纺织、节能环保等集群；提出了主攻十大重点产业链，包括生物药、半导体和集成电路、软件和信息服务、智能网联汽车、智能制造装备、高端医疗器械、机器人、光通信、高端纺织、钢铁新材料等；提到了在九个方面推进生产性服务业的发展，包括信息技术、研发设计、检验检测认证、知识产权、节能环保、商务、供应链管理、金融、人力资源等。其实，规划中所罗列的先进制造业集群、产业链和生产性服务业需要联系起来看。制造业和服务业可以融合，但纺织业和材料业之间可能是跨界合作。

例如，2021年4月我在河北邢台平乡县参观了30多年前创立于昆山的创新型企业好孩子集团的童车工厂和新产品展览厅，体会到了行业的跨界融合。该企业定位为育儿产品公司，坚持"新制造+新零售+新服务"一体化运作。昆山经开区和太仓市陆渡镇一带是中国中高端自行车出口基地之一。捷安特进苏州时带去了70多家供应商，并培育了本地配套企业，与供应商结盟、共生共荣，还以骑行赛事等活动带动行业升级和创新。

苏州创新型企业的案例不胜枚举。由创办清华大学学生社团"天空工场"、怀揣"未来飞行器"创新梦想的俞浩创办的追觅科技公司总部落户苏州。该公司拥有高速马达、多锥旋风分离等全球领先技术。2020年10月，追觅科技的智能工厂在吴中经开区投产，批量生产搭载自主研发的高速马达的无线吸尘器。苏州是中国吸尘器研发和生产中心。1979年，苏州长江五金厂生产了中国第一代家用吸尘器。如今，中国吸尘器领域的几大创新型企业争雄于苏州，如莱克、科沃斯、美的春花、春菊、爱普等。电池系统、电机等核心零部件的供应商和上百家吸尘器组装企业也在苏州繁衍。追觅科技公司在苏州的投产，是苏州从有线吸尘器向家庭智能清洁设备的产业升级的重要一步。

苏州文化底蕴深厚，人才辈出。苏州人民聪慧勤劳，敬业、精益、专注和恒心是苏州新制造匠心精神的核心。我高中时在苏州观前街被小盆景所吸引，还特别喜欢精巧的竹制手工艺品和双面绣。从清代画家徐扬创作的长卷《盛世滋生图》（又名《姑苏繁华图》）里绘制的苏州260余家店铺的招牌，我看到了丝绸棉布、服饰鞋帽、金银首饰、铜铁器、玉器漆器、竹器、食品医药等苏州各行业曾经的盛况。"全国二胡看苏州"，苏州是中国重要的二胡乐器生产地。自古以来，苏州就是百业兴旺、人文荟萃的好地方。

展望未来，苏州新制造的潜力无限。

（本文发表于2021年12月13日）

全球价值链重构和新冠疫情蔓延风险下的产业创新集群
——以苏州为例

苏州市下辖姑苏区、虎丘区、吴中区、相城区和吴江区五个区，以及常熟市、张家港市、昆山市和太仓市四个县级市。这座千年古城2021年的工业产值超4万亿元，是制造业大市。苏州市制造业基础的建立得益于以外贸加工为主的外向型经济的发展，包括服务于外向型经济的乡镇企业的崛起，以及工业园区的建设和优质营商环境的打造。2001年年底中国加入WTO后，苏州市的外商投资额迅猛增长。2012年，苏州制造业实际利用外资额超90亿美元。从2013年开始，通过创新驱动发展，苏州逐步从"世界工厂"向先进制造业和服务业并重发展的模式转型。

2022年伊始，苏州市委、市政府着力激发各类主体的创新活力，以电子信息、装备制造、生物医药、先进材料四大产业为重点，把打造创新集群作为经济工作的重要任务，要求多方参与，并明确企业是主力军，动员企业从创新集群的建设中找机遇、拓空间。各辖区和县级市闻风而动，例如，昆山市推进电子信息产业创新集群的发展，苏州工业园区、苏州高新区、吴中区推进包括中医药产业在内的生物医药产业创新集群的发展，太仓市推进航空航天产业创新集群的发展。

从建设工业园区到以创新集群引领高质量发展，这是从依赖外资向创新驱动的飞跃。几个月来我一直在思考，面临全球价值链重构和新冠疫情蔓延双重风险的挑战，苏州市的产业升级为什么选择了创新集群之路？创新集群之路应该如何走？

苏州在产业创新集群的培育方面很有潜力

当今世界,核心的技术和知识仍由少数地方掌控,难以被模仿的竞争优势往往存在于创新集群之中。发达国家的创新集群往往在产品的创新和设计中起决定性的作用,是全球经济的领导者。虽然发展中国家以加工制造为主的特色产业区也很普遍,但其专业化知识多源自集群外部,一般只是创新能力很弱的跟随者。仅从事高技术产品低端制造环节(包括合同制造和制造服务)的区域很难在短期内真正形成创新集群。

创新集群的创新主体是创新型企业,其他主体包括专业的知识机构(如大学和职业培训机构等)、金融机构、创新服务平台、商会、行业协会等促进企业协作和产学研合作的机构。企业对先进知识和技术的学习、吸收能力,以及企业之间和产学研之间的合作,是创新集群成功的关键。国内和本地市场对创新集群来说十分重要。否则,核心企业会迁移,甚至会带走配套厂商。因此,苏州市提出希望创新集群与本地经济结合得更紧,真正实现集群"搬不走、压不垮、拆不散"。

创新集群内有健全的知识产权保护制度和约定俗成的社会规范,通过企业之间的交易或非正式的交流互动,企业可以获得外部的经济资源,降低合同谈判成本、执行成本和技术服务成本,更容易接收超过其生产能力的订单,从而留住客户。创新集群是一种创新社区,它的创新氛围浓厚,知识和信息流通顺畅。复杂技术的创新不是简单的线性过程,学科交叉、产业融合和知识溢出会促进技术创新,甚至可能会促进跨界创新。

企业在创新环境中才能获取技术诀窍,找到合适的供应商和客商,获得高素质的劳动力。从这个意义上说,城市应该是知识传播和信息交流的场所,是培育创新技术和创新型企业的场所。在充满企业家精神的城市里,创新型企业会陆续繁衍，它们能理解创新集群的共同使命和愿景，把具备不同技能的人组织成跨学科、跨产业的队伍，协同作战，充分利用地方的各种资源。

根据创新型企业的技术需求，苏州市已经建设了一批大学、职业技术学校和重大创新平台（如姑苏实验室），并正在筹建国家新一代人工智能创新发展试验区、国家生物药技术创新中心、国家第三代半导体技术创新中心等。姑苏实验室直指电子信息、装备制造、先进材料、生物医药等四大产业。中国科学院、清华大学、南京大学、西北工业大学等都在苏州建有合作机构，产学研合作不断深化。苏州市促进创新和创业的活动不胜枚举，例如，相城区面向全球的阳澄湖创客大赛已经举办了十三届。

由于篇幅所限，以下谈谈我对苏州电子信息和纺织服装这两个产业创新集群发展问题的理解。

苏州电子信息产业正在进行关键技术攻关

电子信息产业是苏州首个年产值破万亿元的产业，涵盖5G通信、半导体、芯片、智能终端等领域。昆山是具有全球影响力的电子产品制造基地，其电子信息产业产值占苏州市相关产业产值的一半。该产业是20世纪90年代随台湾笔记本电脑生产线的迁入，并融入全球价值链而发展起来的。

自20世纪70年代末开始的20年间，随着信息和交通技术的发展及投资和贸易自由化，世界价值创造体系出现了垂直分离和重构。美国学者格里菲（G. Gereffi）提出了全球价值链的概念，从价值和利润分配的角度来研究产业转移和海外直接投资等现象。全球价值链包括从设计、产品开发、原料采购和运输、半成品和成品的生产和分销，直至消费和循环利用等全球范围内的各种增值活动。2002年，联合国工业发展组织的报告采用了全球价值链的概念。中国经济一度全方位、大规模地融入了全球价值链。全球价值链的各环节在空间上有地理集聚性,大多以地方产业集群或专业村镇的形式出现。

在此背景下,靠近上海的苏州昆山市成为中国大陆最重要的台资聚集地。从1995年开始,仁宝、华硕、明基、鸿海等笔记本电脑代工厂商陆续在昆山建厂,大量配套厂商跟进。在全球价值链不对称的权力关系下,零部件供应商受制于库存压力而产生"在地化聚集"的现象,以满足即时供应需求。高效的笔记本电脑代工基地,即笔记本电脑生产集群,由此在昆山形成。

苏州市打造产业创新集群首选电子信息产业,因其工业产值占苏州全市规上工业总产值的28.1%。苏州市电子信息产业创新集群建设推进大会选择在昆山召开,可见昆山在苏州电子信息产业中的重要地位。目前,昆山的电子信息产业以新型平板显示产业为主,集原材料、面板、模组、整机、装备等生产于一体。未来,昆山还将发展光电产业、智能终端产业和先进计算产业。

为什么要发展电子信息产业创新集群?这要从全球价值链的视角来探讨。如前所述,苏州的电子信息产业是融入全球价值链而发展起来的。2008年全球金融危机之后,"超全球化"(Hyper Globalization)放缓。2020年,世界银行的一份报告指出,全球价值链的扩张已经停滞不前。《全球价值链发展报告2021》指出,全球价值链受到了极端天气事件、贸易和技术战争、保护主义抬头、地缘政治紧张和新冠疫情蔓延等风险的冲击,一些国家内部潜在的社会、经济和政治动荡在全球范围内的扩散也增添了恶性循环的可能性。因此,认为跨国公司是向善的力量、能为发展中国家带来投资和就业机会的"超全球化"乐观主义已结束。

昆山对低端产业的转型是早有准备的。2008年,制造业基础相对雄厚的昆山就成立了工业技术研究院,其根据企业对模具、电子信息、通信及集成电路等技术的需求，先后建成了新型平板显示技术中心等研究部门，服务的产业领域从电子信息拓展到其他行业。目前，在全球价值链重构风险增大的严峻形势下，昆山市加快引导企业与高校、智库、科研机构加强合作，并建设企业创新中心，进行关键技术攻关，涌现出了一批自主创新产品，这也部分解决了苏州"缺芯少屏"的问题。总部位于苏州工业园区的姑苏实验室2020年三分之二的项目与电子信息材料相关，涉及半导体器件、人工智能、大数据、关键装备等细分领域，这无疑利好昆山电子信息产业创新集群的发展。此外，国家超级计算昆山中心、深时数字地球国际卓越研究中心选址昆山，这为昆山在人工智能、大数据和超级计算等技术以及数字地球科学等领域开展研究提供了极好的机会。

苏州正在培养纺织服装产业创新集群

苏州在中国纺织服装产业中具有极其重要的地位，涵盖了从纤维、纺纱、织造、印染到服装、家纺、产业用纺织品的上下游生产活动。早在发展低端加工贸易阶段，苏州就形成了吴江盛泽丝绸和化纤面料、常熟服装、张家港毛纺毛衫等多个专业化中小企业分工协作的特色乡镇。苏州市企业服务中心历时一年对纺织产业集群进行了调研，提出培育高水平创新集群是苏州纺织产业攀登全球价值链中高端的必由之路。

现在，苏州在纺织领域拥有9家百亿级企业，其中盛泽镇的恒力集团和盛虹集团上榜2020年《财富》世界500强企业名单，它们都已是本行业的"智改数转"标杆企业。随着企业推动智能化改造、数字化转型，各类创新平台、产学研基地正在向纵深发展，知识和信息交流活动频繁。例如，盛虹集团和东华大学组建了先进功能纤维创新中心，建起产学研用协同的技术创新体系。此外，2021年苏州市高端纺织产教融合联合体成立，并举行了纺织服装职业技能校企国际 PK 赛等活动，位于张家港市的沙洲职业工学院，以及苏州经贸职业技术学院、江苏东渡纺织集团有限公司等单位参加了活动。国际纺织服装供应链博览会每年在苏州举办，由江苏省工商联服装业商会、缝制设备商会提供支持，来自江浙沪皖及全国其他多个纺织服装主产区省份的众多企业参展。

创新集群具有应对困境和压力的韧性，以及敏捷快速的响应机制。2022年一季度，上海暴发新一轮新冠疫情。毗邻上海的苏州推出了"苏链通"平台，汇聚了来自市内各个工业互联网平台、企业平台、第三方服务商等多个渠道的数据，提供供应链对接服务，吸引了大量企业的参与，减少了疫情对经济的影响。此外，苏州市新冠肺炎疫情联防联控指挥部的交通口岸防控组及时地推出了"苏货通"平台，使苏州货运车辆凭"苏货码"在全市通行。2022年4月底，苏州实现了社会面清零，但苏州的创新集群的艰苦努力仍在继续。苏州在中国制造业中具有举足轻重的地位，我希望在数字经济时代苏州的创新集群能够更好地发挥作用。

（本文发表于2022年5月14日）

关于"元宇宙"热潮下产业园区的冷思考

元宇宙（Metaverse），这个诞生于科幻小说的概念已经变成了真实世界中的流行语。它被定义为沉浸式数字网络环境，人们借助虚拟现实（VR）耳机和眼镜，可以在其中社交、玩游戏、工作和购物。国际互联网巨头承诺将为元宇宙发展提供长期的资金支持，这凸显了元宇宙作为下一代互联网的潜力，也引发了电子学、社会学、工程学、神经学、教育学、建筑学、医学、文学、管理学、心理学、哲学、法学等众多领域学者的关注。

各地的元宇宙园区大致可分为两类

在发展数字经济的大背景下，2022年年初，工业和信息化部提出要培育一批进军元宇宙等新兴领域的创新型中小企业。新冠疫情加速了沉浸感极强的元宇宙平台的发展。半年多来，20多个省级政府都发布了元宇宙相关的政策和规划文件，不少地方政府将元宇宙园区作为促消费和稳经济的抓手。

各地的元宇宙园区大致可分为应用场景和技术开发两种类型。在适当的条件下，应用场景的需求也能促进技术的开发。例如，无锡滨湖区以发展数字影视应用为主，其"华莱坞元宇宙世界"项目有望吸引影视企业和人才来从事元宇宙相关技术的研发和内容的创作。

尽管元宇宙的发展始于游戏，但最先得到政府关注的应用场景往往是文化和旅游。韩国首尔已成为全球第一个为公共服务和文化活动开发元宇宙平台的城市。在中国，把元宇宙看作"新蓝海"的地方包括北京市通州区的台湖演艺小镇、张家湾古镇、宋庄艺术区、运河商务区，石景山区的新首钢区域，以及重庆市的创意公园和游戏产业园、成都市的交子大道、张家界市的武陵源区、保定市的西郊八大厂工业遗址等。厦门市拟依托鼓浪屿、沙坡尾、筼筜湖等地标，打造会展、旅游、体育、商业领域的示范场景。海口市、三亚市的元宇宙园区欲推动自由贸易港的数字文化建设。郑州市的中原龙子湖智慧岛则是传统商务区改造而成的元宇宙场景应用园区。

工业、农业、建筑业、金融、地产、教育等领域都能为元宇宙提供发展空间。在元宇宙中复制现实中的制造业环境，创建数字孪生的需求，透明而高效地进行产业协作，这可能是关键的应用场景，也是在中国发展元宇宙技术的要义。不过，元宇宙赋能实体经济一般是落到具体的企业而非园区。据报道，英伟达（NVIDIA）（其中国总部在北京）构建的 Omniverse 虚拟平台可以连接制造业流程中从概念设计到车间生产自动化的各阶段，全球的工程师、设计师都可在数字孪生工厂中实时协作，并实现与第三方承包商和供应商的同步。与真实世界 1∶1 的工业数字孪生体已在制造业中被广泛应用，其融合了人工智能、机器学习和物联网等技术，使生产更安全、更精准。在中国第一列准高速内燃动车组新曙光号的研发生产过程中，用工业造型软件 Alias Wavefront 制作的三维模型渲染图，得到了客户的认可，促成了项目落实。杭州灵伴科技与国家电网、宁德核电合作，将增强现实（AR）智能头盔用于巡检及运维作业中。此外，虚拟试鞋、试衣等 AR 营销技术也已被实际应用。

关于技术开发型的元宇宙园区，要从技术开发的需求来理解。

根据业内专家的分析，元宇宙是互联网技术的集大成者：数字人、数字资产、数字平台等元宇宙要素的"根技术"

是集成电路、工业软件、算法和算力等，而网络环境、虚实界面、数据处理、认证机制（区块链确权）、内容生产则构成了元宇宙的技术底座。用户用 AR 和 VR 终端接入时，要求网络交互时延不大于 10 毫秒，否则会因为汇聚-聚焦冲突（VAC）而导致用户头晕，所以需要超低时延网络和全息 3D 显示，才能大规模地应用元宇宙场景。真正有沉浸感的元宇宙体验需要很高分辨率和帧率的图形处理器，需要精密自由曲面光学系统、用于高灵敏度信号采集的传感材料、微纳加工和高精度地图等。此外，元宇宙的运行还需要物理形态的能源。

2022 年 8 月，我看到河南郑东新区拟建 390 亩元宇宙产业园的项目招标信息。目前，已建或在建元宇宙产业园区的地区有上海徐汇区漕河泾和浦东新区张江、北京朝阳区和海淀区、沈阳和平区、南京江宁高新区、杭州余杭区和钱塘区、福州台江区、广州黄埔区和南沙区、深圳福田区和南山区，以及青岛、济南、哈尔滨、贵阳等地。

假设这些园区是以开发元宇宙相关技术为初衷的园区，那么，哪些企业会落户到这里？它们为什么要在实体的地理空间里集聚？只有走访园区、调研企业才能得出真正的答案。不过，从媒体的报道中，也能体会出某些元宇宙相关的企业集聚的缘由，看出发展元宇宙的利益相关者（例如技术平台商、内容创作者、硬件设备上下游企业）近距离互动合作的潜在优势，感受到成立元宇宙创新协作联盟的普遍趋势。

在北京，创业黑马联合中关村朝阳园管委会、蓝色光标、映宇宙、中国移动咪咕数智达人、亚马逊云科技、华润资本等单位发起创立了朝阳黑马数字人加速器。上海漕河泾元创未来特色园区集聚了人工智能、游戏、集成电路等领域的企业和创新平台。张江数链特色园区集聚了集成电路、移动互联、人工智能、金融科技、数字文化、智能制造、信息安全等领域的企业和创新平台，成立了张江元宇宙创新发展联盟。智能硬件是深圳的优势产业领域，深圳正在培育超高清视频显示产业集群。深圳市 8K 超高清视频产业协作联盟邀请企业、研究机构和行业协会的专家在南山区共同商讨元宇宙产业的发展。据天眼查的数据，在深圳各区中，南山申请"元宇宙"相关商标的企业数量最多，其后依次是福田、宝安、龙岗、龙华和罗湖。

在沈阳市，和平区吸引了云动科技、远京科技、众绘星空、辽宁景行、上海狮峪、智群、邀界网、美国 EON 等涵盖 VR 全产业链的企业，华为（沈阳）VR 云创新中心在挖掘和培训 VR 人才方面起了很大的作用。武汉市在光电子领域优势突出，有 80 多家数字经济企业的总部落户光谷。在成都市，腾讯、交子好乐、中国电信、中国移动、一起智能等公司组成了跨领域的元宇宙产业发展平台。在青岛市，打造 AR 灯光秀的金东数科、歌尔股份正在与上海米哈游等游戏巨头开展合作。海尔在工业元宇宙方面大有作为，2022 年上半年，海尔发布了工业元宇宙产品 D3OS，并将智慧城市领域的海纳云数字孪生研发中心建在上海。南昌市通过举办三届世界 VR 产业大会，引进了华为、阿里、腾讯、微软、高通、紫光、海康威视等企业，全市 VR 相关的企业共有 260 余家，集聚在红谷滩区 VR 科创城和南昌高新区。联创电子 VR/AR 激光发射镜头及模组已实现量产，华为第二代 VR 眼镜及手柄套装已投产。

厦门市已建成的 5G 基站超 1 万个，在云计算、算力、动漫游戏、人工智能、虚拟内容制作及运营等领域有不少"专精特新"企业。例如，弘信电子主要研制用于 AR 眼镜的柔性电子产品及传感器 FPC，玉晶光电旗下的茂晶光电研发生产 VR 光学镜头，雅基软件打造的 Cocos 为腾讯、网易、任天堂、育碧等提供游戏引擎，造梦科技是国内最大的 VR 社交游戏平台，汇利伟业在数字孪生领域服务于紫金矿业、山东黄金、中国电子、中国电建、美的集团等企业，从事 AR 营销的蚂蚁特工和抖音旗下的火山引擎共同研发了试鞋机，甚妙动漫参与打造了家居行业首个数字人，咪咕动漫打造了厦门博物馆元宇宙应用场景。此外，厦门的多家动漫游戏企业进军数字藏品。厦门市元宇宙产业联盟和元宇宙产业人才基地也相继成立。

在元宇宙产业中地方集聚和跨地区虚拟连接同时存在

创新创业氛围较浓的城市已经涌现了不少元宇宙技术领域的中小企业。一些"专精"的中小企业分布较散，例如，沉浸式交互技术创新者诺亦腾位于北京西城新街口，"AR+AI"平台领航者亮亮视野位于北京朝阳酒仙桥，眼动控制技术的佼佼者七鑫易维位于北京顺义空港。企业之间可能需要协作，但不一定要近距离地合作，不一定都要集聚在园区里。

建设产业园区是有风险的政策措施，因此，必须了解企业的空间战略。对于元宇宙相关的产业来说，地方集聚和跨地区虚拟连接是同时存在的。

一方面，有些内容的创作与地方文化有关，硬件设备相关零部件的生产可能需要近距离的协作，这都使得企业在本地集聚。相关企业的近距离合作有利于降低物流成本和交易费用，有利于在真实世界中面对面地交流。抖音公司向北京的游戏开发商北京代码乾坤科技有限公司（Reworld）增资，还收购了 VR 耳机制造商 Pico。实时内容开发平台公司 Unity 的合资公司 Unity 中国于 2022 年 8 月 9 日成立，其致力于开拓大中华区域性市场，并将阿里巴巴、中国移动、吉比特、米哈游、OPPO、佳都科技、抖音公司等企业作为本地合作伙伴。

另一方面，技术研发和内容生产可能跨国或跨地区进行，并不依赖特定空间。如果深入某家元宇宙头部企业会发现，它的业务离不开与远程企业的合作。例如，根据 2018 年的数据，英伟达在全球有超 320 家合作伙伴。2022 年，总部在慕尼黑的西门子与总部在旧金山的英伟达合作，将西门子的平台 Xcelerator 和英伟达的平台 Omniverse 连接起来。腾讯与美国在线游戏创作社区公司 Roblox 及 3D 游戏引擎开发商 Unity Software 都有合作关系，不过这两家美国公司也都来到了中国进行投资。

在元宇宙热潮中，跨越物理边界的虚拟产业园和产业集群横空出世。埃森哲在微软旗下的 Teams 软件中建立了虚拟园区，使各地的员工都可以参加公司的聚会和活动，实现了不同地区员工的"面对面"交流。

中国的元宇宙发展还有很长的路要走，实现投资获益的时间会很长。"在国内，现在元宇宙是个筐"，这句话不无道理。有专家认为，中国虽然在光学元器件、显示器件、传感器、通信设施等方面有较强的优势，但在主芯片研发、内容生产上还有差距，底层技术和应用场景还很不成熟，计算机图形学的算法、专用集成电路芯片等技术都需要加强。元宇宙要兼顾精品内容创作和关键技术自主可控。内容的选题、策划和创作生产是必要的环节。此外，解决虚拟世界的生产关系问题的区块链技术也远未成熟，确保在线安全是发展元宇宙面临的重大挑战。由此可见，元宇宙及其园区的建设存在泡沫和炒作，投资建设元宇宙园区需慎重。

（本文发表于 2022 年 8 月 16 日）

日用消费品制造专业市镇的发展动向观察

关注专业市镇

中国的日用消费品行业深度参与了国际分工，兴起了大量"一镇一品"的专业市镇，生产了大批廉价的大众消费品，其中不乏"垄断"世界市场的商品。专业市镇一般都有从"种子"到"树木"再到"森林"的演化故事，即"种子企业"的成功引发大量"繁衍企业"的模仿和配套，或者大型跨国企业的投资引发配套企业的跟进。

中美贸易战和新冠疫情冲击了外贸加工业，这些专业市镇关乎民生福祉，需要得到更多的关注。我从1995年开始注意这类中小微企业集群，与研究团队一起做过调研，分析了它的成因、企业网络和升级路径，并写入了《创新的空间》（2001年首次出版，2019年进行修订）等著作中。2022年，我对个别市镇的动态进行了新的调研。

面向大众消费的低价鞋类、成衣、灯饰、眼镜等产品的制造属于游走型或漂移型产业（Footloose Industry），一旦遇到内外条件的变化，企业会瞬间搬走，配套企业也会跟随其转移，这就像牧民放牧，逐草而居。制造这些产品的专业市镇为了避免"空心化"，需要创新和升级。

产业区（Industrial District）是产业集群的一类，是英国经济学家马歇尔（A. Marshall）在1890年提出的。他发现在小作坊原始集聚的地方有产业氛围（Industrial Atmosphere），创新存在于"空气"之中。1978年，意大利社会学家贝卡蒂尼（G. Becattini）挖掘了这个见解，将新技术条件下获得成功的产业区定义为社会-领土实体（Social-territorial Entity），那里有世袭和约定俗成的行业规则，经济行为嵌入社会文化之中。根据2017年的文献，尽管意大利产业区经过了转型，但一些基本特征依然存在，如外部经济、生产专业化、密切联系当地社会，以及嵌入领土的创造力。意大利产业区拥有国际网络，占有该国工业产品出口总量60%以上的份额，转型之后，"意大利味道"的创新能力更强了。

《创新的空间》等专著对新马歇尔式产业区或意大利式产业区做过较为系统的研究。在中国，被专家誉为"小狗经济"的专业市镇历经三四十年的演变，已经出现了明显的两极分化。有的专业市镇衰退，有的却越战越强。例如，在金融政策的支持下，佛山市的创新创业园区、孵化器和科研平台等推动了专业市镇向先进制造业集群演进。2016年，佛山市经省批准的专业市镇达41个，尽管有的工厂已转移出去，然而企业总部仍留在佛山，品牌的区域影响力还在增强。现在看来，中国可归于学术意义上的产业区的还不多（如下文将提到的陈埭镇和杭集镇），有些专业市镇不幸落入了"专业化陷阱"（如下文将提到的厚街镇）。

表1 部分省（自治区、直辖市）纺织服装、鞋、家具和玩具制造专业市镇分布（不完全统计）

省（自治区、直辖市）	纺织服装	鞋	家具	玩具
黑龙江	绥化市海伦市、兰西县、青冈县，哈尔滨市延寿县	/	哈尔滨市香坊区、呼兰区、通河县，鹤岗市	哈尔滨尚志市一面坡镇
辽宁	鞍山市海城市西柳镇，葫芦岛市兴城市，辽阳市辽阳县小北河镇	沈阳市东陵区	沈阳市，辽阳市辽阳县刘二堡镇，大连市普兰店区、庄河市	/
吉林	吉林市，辽源市，白山市，长春市，白城市，四平市，延边州珲春市、和龙市	/	长春市农安县合隆镇	

续表

省（自治区、直辖市）	纺织服装	鞋	家具	玩具
天津	天津港保税区	/	/	/
新疆	石河子市	和田地区和田县、于田县、皮山县	/	/
陕西	宝鸡市眉县常兴镇，西安市灞桥区，咸阳市	汉中市	西安市蓝田县华胥镇	安康市
青海	西宁市	/	/	/
四川	成都市新都区新繁街道	成都市武侯区、金堂县、崇州市，资阳市乐至县、安岳县	成都市新都区新繁街道、武侯区、崇州市，广元市昭化区	/
重庆	渝北区	璧山区	九龙坡区白市驿镇	/
贵州	六盘水市，安顺市，黔东南州丹寨县	铜仁市德江县，安顺市紫云县猫营镇，六盘水市	/	/
云南	红河州开远市、河口县	昆明市	德宏州瑞丽市，大理州剑川县	/
河北	保定市高阳县，廊坊市固安县	保定市安新县三台镇，石家庄市高邑县，廊坊市香河县	廊坊市香河县、霸州市胜芳镇，保定市涞水县	雄安新区容城县
山东	青岛市西海岸新区王台街道、即墨区，临沂市平邑县仲村镇，潍坊市昌邑市柳疃镇，威海市文登区、高密市，菏泽市曹县大集镇，东营市广饶县，济宁市嘉祥县	潍坊市高密市，青岛市即墨区蓝村街道，临沂市沂南县，烟台市莱阳市	德州市宁津县张大庄镇，潍坊市高密市经开区，临沂市费县探沂镇，菏泽市曹县庄寨镇、青菏街道，德州市宁津县，青岛市胶州市胶西街道，滨州市阳信县，淄博市周村区	临沂市沂南县，潍坊市高密市大牟家镇、双羊镇
河南	商丘市夏邑县，郑州市二七区，驻马店市西平县	洛阳市偃师区，商丘市睢县，周口市，焦作市孟州市南庄镇，新乡市辉县市，驻马店市上蔡县	洛阳市洛龙区庞村镇，新乡市原阳县，信阳市，濮阳市清丰县，开封市兰考县	/
安徽	芜湖市繁昌区孙村镇	宿州市经开区，芜湖市繁昌区	六安市叶集区	滁州市天长市冶山镇

续表

省（自治区、直辖市）	纺织服装	鞋	家具	玩具
江苏	苏州市所辖盛泽镇、桃源镇、横扇镇、震泽镇、璜泾镇、虞山镇、辛庄镇、梅李镇、沙家浜镇、海虞镇、碧溪街道、古里镇、支塘镇、金港街道、塘桥镇，无锡市江阴市祝塘镇、周庄镇、顾山镇，常州市武进区湖塘镇，无锡市宜兴市新建镇、西渚镇，南通市通州区先锋街道、川姜镇，南通市海门区三星镇，泰州市泰兴市黄桥镇，镇江市丹阳市导墅镇、皇塘镇，扬州市仪征市真州镇	镇江市丹阳市陵口镇，镇江市扬中市新坝镇，宿迁市宿豫区新庄镇，盐城市盐都区、建湖县，扬州市邗江区、高邮市	常州市武进区横林镇，徐州市睢宁县沙集镇，南通市海安市曲塘镇，苏州市常熟市碧溪街道、海虞镇	盐城市大丰区白驹镇，扬州市宝应县曹甸镇，扬州市邗江区
浙江	绍兴市所辖杨汛桥街道、大唐镇、枫桥镇、马鞍街道、漓渚镇、夏履镇、钱清街道、兰亭街道、齐贤街道，杭州市所辖衙前镇、党山镇、新塘街道、靖江街道、南阳街道、义桥镇、横村镇、乾潭镇，湖州市吴兴区织里镇，嘉兴市濮院镇、洲泉镇、王江泾镇、洪合镇、大麻镇、河山镇、屠甸镇、油车港镇、天凝镇、许村镇、马桥街道，宁波市海曙区集士港镇、象山县爵溪街道、鄞州区段塘街道、奉化区江口街道、慈溪市	温州市鹿城区、瓯海区、永嘉县、瑞安市仙降街道，台州市温岭市泽国镇、横峰街道、大溪镇、城东街道、城北街道、温峤镇	嘉兴市秀洲区、嘉善县，衢州市龙游县，台州市玉环市，嘉兴市海宁市，金华市东阳市，宁波市宁海县，杭州市萧山区瓜沥镇	温州市永嘉县桥下镇，丽水市云和县
上海	松江区叶榭镇	/	/	/
湖北	仙桃市彭场镇，孝感市汉川市马口镇，荆州市沙市区岑河镇	荆州市监利市、黄石市阳新县、大冶市、襄阳市	黄冈市红安县，武汉市黄陂区，荆州市沙市区观音垱镇，潜江市	/

续表

省（自治区、直辖市）	纺织服装	鞋	家具	玩具
湖南	益阳市，常德汉寿县，株洲市芦淞区、醴陵市，永州市蓝山县、祁阳市，长沙市，邵阳市邵东市，郴州市	永州市祁阳市、宁远县、道县，长沙市宁乡市双凫铺镇，湘潭市湘潭县青山桥镇，邵阳市邵东市火厂坪镇，常德市，益阳市南县，郴州市	长沙市浏阳市永安镇	/
江西	九江市共青城市，南昌市青山湖区，抚州市，上饶市，赣州市南康区	宜春市上高县，南昌市，赣州市石城县、赣县，新余市仙女湖区	赣州市南康区，宜春市樟树市观上镇，抚州市南城县	/
福建	泉州市所辖灵秀镇、鸿山镇、宝盖镇、蚶江镇、凤里街道、英林镇、龙湖镇、深沪镇、金峰镇、松下镇，三明市尤溪县	泉州市晋江市陈埭镇岸兜村、洋埭村，泉州市石狮市，泉州市惠安县黄塘镇，泉州市南安市美林街道、洪濑镇、九都镇，莆田市	漳州市漳浦县，福州市闽侯县，泉州市安溪县，莆田市仙游县	泉州市晋江市安海镇
广西	贵港市平南县，玉林市博白县、福绵区，河池市宜州区	南宁市，梧州市，柳州市，玉林市，贵港市，防城港市，桂林市灵川县	贵港市覃塘区，崇左市扶绥县山圩镇	/
广东	东莞市所辖虎门镇、大朗镇、茶山镇，佛山市所辖西樵镇、里水镇、均安镇、祖庙街道、张槎街道、大沥街道、盐步镇，中山市所辖大涌镇、沙溪镇、小榄镇，汕头市所辖谷饶镇、峡山街道、陈店镇、两英镇，惠州市博罗县园洲镇，江门市新会区，开平市三埠街道，揭阳市普宁市流沙东街道，广州市增城区新塘镇，深圳市龙华区大浪时尚小镇	东莞市厚街镇，惠州市惠东县吉隆镇、黄埠镇，广州市白云区，深圳市龙岗区，江门市鹤山市，湛江市雷州市，中山市	广州市番禺区石碁镇，东莞市所辖大岭山镇、厚街镇，中山市所辖小榄镇、三乡镇、大涌镇，佛山市顺德区乐从镇、龙江镇，江门市台山市大江镇	汕头市澄海区，东莞市所辖横沥镇、石排镇

注：1. 由于文章篇幅和资料搜集条件所限，本表内的"市"包括地级市和县级市，乡镇不详的只能具体到市。

2. 这些地方专门从事该产业的时期不一，有的只反映历史，目前已经转型到其他产业，有的刚刚新建园区。

3. 老的产业集聚区一般以镇为单位，在产业转移承接地，企业往往集聚到产业园区。

东莞市厚街镇

东莞市厚街镇是靠"三来一补"企业开始工业化的，台商和国际采购商陆续进入后，本地的相关企业开始繁衍，分工细化到极致，形成了鞋业集群，从事鞋业的人员曾达15万人，生产由贸易商订单决定，主要技术靠境外公司提供。在此基础上，鞋业国际代工巨头宝成集团和兴昂国际等台资企业在东莞大规模建厂。1990年以前，宝成集团在高埗镇建立了裕元工厂，兴昂国际在大岭山镇和长安镇选址建厂，这两家工厂雇佣了十几万名工人，厂区生活设施十分完善。然而，2008年以后，当地薪金上涨，宝成集团和兴昂国际两大企业相继关闭了东莞的工厂，并将工厂搬到了越南和印尼。东莞70%的鞋业企业陆续转移到国内十多个省区，例如宝成集团到宜春市上高县和芜湖市繁昌区投资建厂，兴昂国际到邵阳市和双峰县投资建厂等，甚至转移到非洲和东南亚地区。

自从鞋业内移外迁之后，厚街镇的数千家微型小厂靠着从业经验，继续接单维持生产，但尚无本土领导型企业出现。《广东省制造业高质量发展"十四五"规划》将东莞的"鞋帽服装产业集群"改成了"现代轻工纺织产业集群"。2022年，厚街镇政府工作报告提出，要加快推动家具、制鞋、电子装备等产业数字化、智能化、品牌化转型，并努力统筹财政资金为企业减负纾困。然而，很多小微鞋企对前途仍感担忧和迷茫。

在产业转移的大潮中，不断有较贫困的小城镇以工业园区为载体进行招商，作为承接地，又形成新的专业市镇。例如，商丘市睢县以运动休闲鞋业作为主导产业，吸引到安踏、足力健、中乔、鸿星尔克等数百家制鞋企业。

晋江市陈埭镇和扬州市杭集镇

晋江市陈埭镇与东莞市厚街镇在制鞋领域几乎是同时

从零起步的，但工业化道路却不同。陈埭镇涌现出安踏、特步、361°、中乔等创新型企业。这几家企业的创始人姓氏相同。这些企业有共同的价值观，有父子上阵、兄弟相帮的习俗。这些企业家们艰苦创业，从接受海外订单到自创品牌，逐步使企业发展成领导型企业。当地政府支持鞋业的发展，鼓励企业引进先进设备和技术人才，协助其走向规范化和规模化。行业协会等机构促进集群企业协同合作。发迹于陈埭镇岸兜村的安踏集团已具备和国际品牌企业在中国市场竞争的实力，它的举重鞋、短道速滑服等产品助力中国队在奥运会夺冠。2022年8月8日，安踏发布了"氮科技"平台与碳管悬架系统，携手华为开发智能运动装备。陈埭镇的创新型企业家都能洞察消费需求的变化并不断创新，尽管有些工厂已逐渐迁至外地，但总部仍然留在当地，该镇并未出现空心化。

扬州杭集镇的牙刷产量占全球30%的市场份额。与东莞厚街镇和晋江陈埭镇不同，杭集的制牙刷手艺是从清朝开始沿袭至今的。全镇有浓厚的牙刷产业氛围，20世纪80年代就有上万家牙刷专业户。2000年前后，高露洁公司收购了三笑品牌，在杭集建牙刷厂。本地的曙光、明星、劲松、兴盛等牙刷企业崛起，两面针公司将牙刷生产基地设在杭集，琼花、山鹰等配套企业得到发展机会。

2005年我去调研时，杭集镇有250多家企业和2600多家专业户，现在已有2000多家企业，从牙刷延伸到酒店日用品及民用洗护产品，配套产业越来越多，其塑料原料来自南京。尽管行业出现过危机，例如最初的牙刷行业协会会长单位五爱公司由于经营不善而破产，以及近三年受疫情影响外贸量出现下滑，但这些都没有改变杭集镇以牙刷为主发展特色洗护用品产业的定位。政府投入资金助企纾困，并支持企业转型升级，通过电商平台帮助企业拓宽内需渠道，增强了研发设计、营销和物流等价值环节的能力。

杭集镇的一些企业已经走上了创新之路：两面针（江苏）公司的牙刷产品成功打入迪拜酒店，其细密柔软的刷毛是用蓖麻油提取物生产的，而有韧性的刷柄则是挑选生长期合适的竹子制造的；曙光牙刷厂用甘蔗炼糖剩余的秸秆料改性制成可降解的牙刷柄，使牙刷成功打入德国、瑞典等国的牙科诊所市场；三峰刷业研制的牙刷登上了中国极地科考船，它细密的刷丝可避免科考队员在极地低温环境下牙龈出血，而用聚乳酸材料做的刷柄也是可降解的；中成拖鞋公司在防滑、可降解、可清洗，以及自动化流水线等方面持续创新，公司产品打入了欧洲中高端酒店。

2016年设立的杭集高新区与研究院所合作，在机器人和先进材料等方面培育了一批企业，杭集创意设计园、智慧物流园、电商产业园、口腔护理用品研究院等在促进产业集群创新和升级方面起着重要的作用。不过，目前杭集镇的产品仍存在同质化竞争、附加值不高的现象。杭集镇通过举办国际创新设计大赛、全国口腔护理用品高峰论坛、全国酒店用品交易会等活动，提升以洗护日用品为特色的制造业集群的创新功能。

迎接新挑战

"一镇一品"的地方生产系统在很多国家都存在，但大批量标准化生产的大众消费品和个性化定制的小众奢侈品相差很大。例如，中国丹阳市司徒镇与法国莫利兹（Morez）都是眼镜专业镇，前者尚在生产低价商品，后者则生产时尚的高价手工眼镜，其历史达200年之久。限于篇幅，本文只分析了两三例，正如社会学家费孝通在《小城镇 大问题》一文中所述：这好比是在显微镜下找到了细胞，但尚未看清楚，更未顾及其他类似的细胞。

当前，实体经济的发展有很多不确定的因素。技术瞬息万变，需要居安思危。例如，发达国家的企业研发了技术高超、价格昂贵的定制牙刷（声波振动牙刷、智能牙刷、3D打印牙刷等），这需要高新技术人才，以及与机械电子和新材料等领域的跨界合作。在国内，汕头司马浦镇的口腔用品产业集群正在崛起，深圳沙井等地的电动牙刷企业也正在迅猛发展。

一些产业的组织形态会随技术的发展而变。例如，纺织行业和自行车行业的集中度在提高，有的专业市镇已经不再以小微企业为主。又如，苏州盛泽丝绸古镇孕育了恒力、盛虹等世界级大型企业，实现了从"草根"向"大树"的嬗变。人工智能、AR/VR技术、新物流等也在挑战专业市镇的应变能力，这需要进行数字化变革来应对。此外，专业市镇的外贸压力加大，需要解决跨境电商服务、国内市场拓宽、劳动力供需匹配、小微企业生计，以及社会治理等方面的问题。为此，需要多调研，了解动态，及时调整政策。

（本文发表于2022年9月21日）

温州乐清电气产业集群升级问题刍议

创新集群和生产集群

在中国，产业集群尚未得到社会的充分认识。在价值链的低端环节和高端环节都有产业集聚现象的存在，但创新集群（Innovation Cluster）与生产集群（Production Cluster）迥然不同。创新集群吸引创新人才并建立社会网络、分享知识，企业从彼此的成功中受益；创新思想"异花授粉"，新产品或新服务不断产生。创新集群与企业家精神相辅相成。国际上很多成功的企业都将本国的创新集群作为基地。生产集群有空心化的危险，也有升级为嵌入本地社区的创新集群的机会。

生产集群向创新集群升级有两个趋势：一是出现创新型的领导企业（在中国又称龙头企业或领跑企业），通过行业协会、商会等组织机构发挥创新引领作用；二是一些中小企业向"专精特新"方向发展，成为创新型企业，并与其他相关企业形成共同体。那些既无创新动力又无研发团队，只以最低利润谋生存的企业将逐渐被淘汰。集群升级的可能性取决于创新型企业、地方政府、创新平台等多个行为主体的共同努力。

温州乐清市的一个会议邀请，促使我看了几篇调研报告。结合二十多年前在乐清柳市镇的考察经历，下面我以乐清电气产业集群为例，谈谈集群升级的问题。

集群升级的压力和机遇

温州乐清市的陆地面积有一千多平方公里。1978年，柳市机具厂门市部诞生，之后数百家前店后厂的"社队企业"出现。1984年，正泰集团与德力西集团的前身——乐清县求精开关厂创办，这标志着乐清市电气产业起步。柳市镇是"低压电器之都"、"温州模式"的发祥地之一。我二十多年前去柳市镇时，那里有一千多家低压电器企业，包括正泰、德力西等十几个企业集团。2001年举办的首届中国电器文化节将上千家低压电器企业聚集在了一起。现在，乐清市已有万余家电气企业，其中规上企业上千家，超亿元的企业百余家。

乐清市电气产业相关的产品种类繁多，上下游配套优势显著。乐清市拥有"国家新型工业化示范基地·装备制造（电工电气）""国家火炬计划智能电器产业基地"等多张国字号金名片，乐清电气产业集群成功入选国家先进制造业集群。然而，多数企业是从低压电器起步的，与瑞士ABB、德国西门子、日本东芝等跨国公司在中国的合资企业相比，或者与电气行业老牌的国有企业相比，还有不小的差距。乐清电气产业集群中90%以上的都是中小企业，其中大部分仍在从事低端生产，研发投入低，核心技术自主化率不高，关键材料和零部件本地配套不足。根据温州社科联的一份调研报告，乐清电气行业的生产性服务业尚比较缺乏，企业资源计划（ERP）、研发设计、检验检测、现代物流等企业数字化转型所需的专业性服务软件依赖于外地企业的产品，如金蝶、用友、SAP、Infor等。

乐清的低压电器产品曾经主要用于建筑行业。乐清市市场监督管理局登记注册分局的统计表明，近几年新增的电气企业70%分布在输配电行业领域，输配电设备的智能升级是全市电气产业的主要经营方向。国内智能电网建设、电力能源结构低碳化和数字化转型、新能源并网、储能技术升级、制造业节能环保改造等对输配电设备更新换代的旺盛需求，是乐清电气产业升级的良好机遇。出口的输变电设备也正在从传统的中低端产品为主向高端成套设备为主转变。

民营企业家及其合作互动

当前,中国很多产业集群尚处在低端的生产集群发展阶段。企业家精神是以生产加工为主的生产集群起源的关键因素。多数企业创新动力不足,经常发生过度竞争的现象。从生产集群演进为创新集群的过程可能较长,这需要主动的政策干预和集群促进机构的不懈努力,使集群内企业逐渐形成基于诚信的稳定知识网络。

乐清电气产业的发展历史中有很多"创一代"草根企业家:南存辉(正泰)、胡成中(德力西)、叶祥桃(长城电器)、高天乐(天正)、郑元豹(人民电器)、薛文锋(长江电气)、木晓东(万控)、林昌方(方大)、陈道荣(华仪)、陈春良(台邦)、陈福梯(黄华)、陈文葆(合兴)、郑晓超(永固)、郑胜友(依发)等。他们"八仙过海各显神通",吃苦耐劳,为企业发展打下了基础。同时,不少同行由于不敌"价格战",或被淘汰出局,或深陷债务危机。温州企业家具有自主、自信、倔强的性格。据报道,在创业初期,"温州合伙人"有"三火"之说,即"起火、红火、散伙",企业之间的合作意识比较薄弱。

现在,电气行业千余家企业的"创一代"企业家先后完成了交接班。例如,南存辉的儿子南君侠兼任世界温州人联谊总会青年委员会执行会长,郑晓超的儿子郑革是温州市青年企业家协会执行会长,胡成中的儿子胡煜鐄和女儿胡煜清分别担任德力西集团的总裁和执行副总裁。这些新生代企业家多有海外留学的背景,在商业模式创新方面比前辈更高一筹。新生代企业家意识到,只有加强分工和合作,才能提升行业的整体竞争力。在培育新生代企业家的乐清青蓝商学院,在新生代企业家联谊会,都可以感受到企业家群体的力量,温商互帮互助精神得到发扬。

我兴奋地发现,乐清有一批"专精特新"企业正在成长,成为细分领域领导企业，如金石包装、嘉得电子、强力控股、正理生能、佳博科技、贝良风能、美硕电气、中煤机械、合隆防爆电、诺金电器、左易电力、俊郎电气、一能铁芯、红光电气、金桥铜业、百灵气动、金卡智能、巨邦、伦特机电、东南电子、科都电气、中讯电子等。

行业协会和交流活动是集群行为主体合作的重要特征。现在乐清市电气从业的人员超25万人，细分行业很多。在乐清市市场监督管理局的指导下，各细分行业的龙头企业纷纷发起成立行业协会，例如输配电、电力金具电缆附件、电气配件、防爆、断路器、电工仪表、继电器、气动元件、电源、煤机、机械模具、紧固件等细分行业都有行业协会，此外还有工业电器工程师协会、电气技术应用协会、营销员协会等。有的协会创办了报纸和专业网站，甚至发展成省级或市级的协会，这体现了乐清企业家在努力"抱团发展"。多年来，乐清持续举办了中国电器文化节、国际物联网传感技术峰会、世界青年科学家峰会等大量的交流活动。

向先进制造业集群迈进

国家发展改革委、工业和信息化部、科技部分别培育的战略性新兴产业集群、先进制造业集群、创新型产业集群是学术意义上的创新集群的不同称谓。作为工业和信息化部世界级先进制造业集群培育对象之一，乐清电气产业集群的创新生态系统将越来越完善，正在探索集研发、制造、服务于一体，向智能化和绿色化转型的新路。

建立创业平台。2022年，乐清市科技局为落实《乐清市大孵化集群发展三年行动计划（2022—2024年）》，以龙头企业为牵引，根据产业细分领域差异化的特点和需求，建立了"大孵化集群"（包括众创空间、科技企业孵化器等），如以正泰集团为龙头的正泰物联网传感产业园、以浙江云谷数据公司为龙头的智能电气互联网创新中心,并建立了基金支撑体系,以提升传统产业的水平,培育下一代有竞争力的创新型企业。

建立创新平台。乐清市建立了高端精密制造服务中心,其具备加工、中试、检测等功能,为企业提供模具和零件的精密加工解决方案。乐清市与清华长三角研究院合办了乐清工程师创新服务中心,为电气产业集群提供高端智力资源,破解束缚产业发展的瓶颈,并带来行业前沿的技术项目。乐清市政府和企业还导入了华北电力大学、河北工业大学、温州大学等大学的资源,一批创新平台和企业研究院相继成立。浙大紫金港-乐清数字经济创新基地和乐清·南翔科创合作基地的建立,使乐清能更好地利用沪杭的创新要素。通过产学研合作,加强前沿技术和重要共性技术的研发力量。

加强知识产权保护。针对集群中存在的同质化恶性竞争的问题,乐清加强了知识产权保护的力度。乐清市的高新技术企业、创新型领军企业、"专精特新"企业的数量逐年增加,创新主体的培育呈现良好的势头。这些企业在智能低压电气产品、智能电网及成套装备、新能源电气产品、智慧家居、智能终端、物联网传感器、高端装备、新能源汽车零部件、集成电路、新材料等细分领域,研发具有独特竞争优势的产品。

发展数字服务业。乐清智能电气产业大脑整合多个平台,如浙江宏秀电气公司的智慧用电平台、上海电科院的SEIoT低压电器行业工业互联网平台等,连接国内相关行业的资源要素,推进上下游的企业资源共享和业务协同,已服务于三千多家企业,这也使龙头企业的引领作用得到更好的发挥。乐清智能电气产业大脑、乐清工业软件创新赋能中心、乐清电气产业创新发展服务中心等已落户正泰物联网传感产业园。位于磐石镇的浙江云谷磐石数据中心与国内数字经济头部企业达成了战略合作,如北京超算、华为、京东、飞诺门阵等。

不畏艰难困苦的乐清企业家们一步一个脚印，踏踏实实地攀登。经过四十多年的艰苦拼搏，从以低压电器产品为主到高低压电器产品并举，从电力元器件到成套电气装备，再到智能电网解决方案，该市的电气产品不断升级。一些企业已经进入美的、奥克斯、海尔、广汽、华为等头部企业的核心供应链，多个产品的国内市场占有率领先，为我国电力能源、智能电网、能源互联网、轨道交通、航空航天等领域重大工程的建设发挥了重要作用。乐清电气产业集群的升级之路，为发展实体经济提供了成功的样板。

（本文发表于2022年10月24日）

中国和法国化妆品产业集群的对比思考

面对大国竞争升级、全球产业链断裂和逆全球化的风险，中国迫切需要扎扎实实地发展实体经济，提升企业的技术创新能力，增强国家竞争力。

理论上，产业集群（Industry Cluster）具有增强国家竞争力的功能。关于国家竞争优势的案例研究表明，具有国家竞争力的产业一般是在集群中产生的。在该产业及其相关的产业领域，一些创新性的行为主体（企业和机构）往往在地理位置上是邻近的，在合作促进机构的作用下，它们会结成伙伴关系，通过学科交叉和产业融合，产生知识溢出，并促进技术创新。

从引入国外理论到联系国情进行讨论，中国的产业集群研究已有 20 余年，已出版的专著和已发表的中英文论文不计其数，跨学科的全国性学术会议即将举办第二十届。学者们探索了创新型和非创新型集群的界定和识别标准、全球价值链中地方产业集群的升级战略等，引介了各国的产业集群政策，并提出了相应的政策建议。这些建议包括在特色产业集聚区域进行集群治理，建立具有共同愿景和使命的地方创新网络，提供创新服务平台，完善知识产权法律法规，使创新主体自愿参与合作行动，从而形成产学研深度融合的产业社区。

2007 年，国家发展改革委出台了促进产业集群发展的若干意见。2017 年，党的十九大报告提出要培育若干世界级先进制造业集群。国务院和相关部委都对发展产业集群作出了部署，并公布了重点集群的培育名单，实施了金融支持政策。一些从事先进技术领域研发和生产、具有国家竞争力的产业空间组织或产业集聚区域获得了政策支持。

省市级乃至县级的产业集群培育政策也相继出台。在2020年的31个省区市政府工作报告中，有29个明确提出要发展产业集群。此外，中国纺织工业联合会、中国轻工业联合会等行业协会多年来都把促进产业集群发展和升级作为工作重点，工作成效非常显著。2021年，一些民主党派把培育先进制造业集群作为调研内容，为政府献计献策。

我关注了中国化妆品产业集群的"布局"

2021年8月，工业和信息化部在关于政协第十三届全国委员会第四次会议第3291号提案的答复函中，明确了推动化妆品产业集群建设、完善和升级的政策措施。2021年9月，我关注了化妆品产业集群。与我所了解的发达国家竞争力集群相比，一些地方对于发展产业集群的使命和最佳实践的认知还有所欠缺。本文初步对比了中国和法国的化妆品产业集群，并阐述了自己的看法。

中国的一些城市布局了化妆品产业集群，如上海"东方美谷"、广州"白云美湾"和"中国美都"、湖州"美妆小镇"、北京"未来美城"、成都"她妆美谷"、重庆"西部美谷"等。

广东的化妆品产业从国际代工起家。1988年，宝洁公司在黄埔区建厂，起先化妆品代工所需的化工原料需要进口。后来，广州渐渐建立起原料、包材等化妆品行业上游的本土供应商，在白云区和花都区，方圆10公里以内就可以完成化妆品研发、设计、生产、商业化的全部流程。根据相关的数据，截至2020年12月4日，在全国5000多家获得化妆品生产许可证的企业中，广东企业占比高达54.8%。广州市化妆品企业数占广东省的67.2%。

上海奉贤区吸引了400多家化妆品企业，包括欧莱雅、资生堂等国际品牌企业及百雀羚等中国老品牌和新锐品牌企业。上海市发布了《上海市化妆品产业高质量发展行动计划》(2021—2023年)，指导化妆品研发、生产、检测等全产业链的发展，目标是把上海打造成聚合全球化妆品产业高端要素资源的高能级总部集聚地。

成都武侯区围绕化妆品全产业链、全生命周期，针对入驻的化妆品企业及机构，在企业投资运营、员工服务、政企合作交流、园区建设运行、科技成果转化等方面提供政策支持。

湖州埭溪镇的美妆特色小镇已经引进企业近200家，包括国内企业珀莱雅、韩国企业韩佛、亚洲包材企业衍宇，以及英国、法国的香水相关的企业等。

重庆铜梁区规划了占地面积达5平方公里的"西部美谷"，建设了化妆品产业发展服务中心。

可以看出，中国一些集群的共同特点是通过布局规划，在土地、建筑、景观上下功夫，提高"显示度"。例如，上海提出要优化化妆品产业玉兰花"双蕊多瓣"产业空间格局，"双蕊"即奉贤东方美谷和静安总部集聚中心，"多瓣"即赋予浦东张江、徐汇、青浦、闵行、松江、嘉定、金山、宝山等区不同的职能。北京昌平区提出"一核、两园、四高地"规划，即通过建设美丽健康产业科创"核心区"、小汤山美丽智造园及小汤山美妆创新园，把昌平打造成"京艳创新策源地""京韵国妆首发地""京品孵化育成地"和"京彩智造主阵地"。广州"中国美都"启动了"一核四园多个基地"规划，"一核"是花都湖化妆品总部集聚区，"四园"指花都西部化妆品产业园、新雅镜湖工业园、花山华侨工业园、秀全新华工业园，"多个基地"指多个民营企业新建的化妆品产业园区，如广东美妆智谷产业园、创美金谷全球直播基地、广东宏裕智汇美妆园、远东美谷产业园、美东产业园、阿道夫德谷产业园等。

据了解，为保证化妆品的安全、稳定、有效，需要采用先进的技术和工艺。化妆品产业是知识密集型产业，涉及皮肤科学、化学、生物工程、光学等学科的交叉，需要产学研医各方共同开发产品，需要消费者对其质量的认可。原料的使用、配方的开发、包装和容器的选择、功效和安全性的评价、稳定性的考察，以及生产、包装、销售和售后服务，都需要创新型产业集群，但产学研医各行为主体的互动合作，不是单纯靠"核、区、园"的产业布局就能奏效的。

法国化妆品产业集群的发展经验可供参考

香水和化妆品是法国出口量第二大的产品。法国有3200多家公司从事该行业，其中80%是中小企业，除从事香水和化妆品核心业务的企业外，还有提供包装、初级材料和测试服务等的专业供应商，从业人员有25万名。每年投入的研发经费超过6.5亿欧元。香水和化妆品产业是法国的竞争优势产业。

法国"化妆品谷"（Cosmetic Valley）是世界上第一个致力于香水和化妆品产业研发和创新的集群，由一群致力于促进近距离协同效应，并在国际上展示法国化妆品品牌价值的中小企业及其相关机构组成。法国大量名牌化妆品的创新就出自这里。1994年，这群中小企业及其相关机构在中央-卢瓦尔河谷大区的沙特尔成立"化妆品谷"协会，并将沙特尔作为"化妆品谷"协会的总部。后来，"化妆品谷"协会的活动范围从沙特尔扩展到诺曼底大区的卡昂和新阿基坦大区的波尔多，以及中央大区和法兰西岛大区。"化妆品谷"覆盖的地区有大约800家公司（50%是"化妆品谷"集群的成员），9万名员工，其营业额达260亿欧元。

2000年，法国国土规划与地区发展委员会（DATAR）将"化妆品谷"协会的活动区域认定为地方生产系统（Local

Production System），并于 2005 年认定其为法国的竞争力集群（Competitiveness Cluster）之一，其作用是提高化妆品行业的国家竞争力。2014 年，法国授权"化妆品谷"协会协调全国的香水和化妆品产业，为各相关领域的新公司提供了特别有利的环境。现在，法国"化妆品谷"成为法国最具活力的竞争力集群，其模式已经在世界各地推广，形成了服务于香水和化妆品领域的跨国创新网络。

法国"化妆品谷"实行会员制，通过月度的晚餐会、年度的化妆品展和峰会等交流活动，促进各行为主体之间建立合作网络；通过举办科学大会、促进研发机构合作等，为研发和创新项目提供支持；通过组织国际贸易博览会和经济特派团等，在国家层面为企业提供支持。此外，还组织各类培训，提高从业人员素质。

此外，在法国"化妆品谷"区域范围内的创新行为主体还包括：服务于化妆品产业的法国国家科学研究中心、法国国家农艺研究所、法国地球科学研究所、奥尔良大学、鲁昂大学、巴黎第十三大学及其实验室，以及几十所与香水和化妆品有关的学校（例如香水化妆品和食品香料学院、国际美容化妆品学院、工业生物学学院、生物技术工商管理学院、卢瓦尔国家工程学院、农业工程学校、奥尔良艺术与设计学院等），还有几所私人美学高中和职业高中。

由此看来，先进制造业集群的"世界级"称号不是短期就能获得的。产业集群的机制的关键是创新性相关行为主体的合作，其能促进技术创新和提高企业、区域和国家的竞争力，而"提高显示度"的规划、布局和建设应该是第二位的。以化妆品产业集群为例，在逆全球化趋向加剧的背景下，无论是以代工起家、积累知识为特征的广东，还是有较强科技基础的上海，仍须在良好的创业创新环境中，培育产学研相结合的创新生态系统。我阅读了 7 月 30 日发布的《上海市化妆品产业高质量发展行动计划》（2021—2023 年），其中关于前沿科技、新型代工、检验检测、数字化制造和服务，以及高品质原料和包装攻关、美妆前沿科技成果转化、质量标准体系建设等方面，都有一些很好的指导意见。不过，该行动计划中不乏"加快"二字。上海市从"中国化妆品产业之都"向"世界化妆品之都"的发展，要"加快"而且"跨越"，恐怕2021年到2023年三年的时间太短，还需要更长时间的艰苦努力才行。

（本文发表于2021年9月30日）

附录

专访王缉慈：突破传统制造产业升级难点，"种好技术树"是关键

澎湃新闻记者 王蕙蓉

近些年，我国劳动密集型的传统制造业普遍面临着一些问题：同质化竞争、产能过剩、成本优势减弱、产业转移等。

2023年年初，澎湃新闻曾深入民营经济较为活跃的温州，了解当地的传统制造业现状。

温州长期被誉为"中国鞋都"，下辖的桥头镇被誉为"中国纽扣之都"。然而，温州的鞋革业、纽扣业如今也面临产业转型的挑战：一方面"陷于"行业内的同质化竞争，另一方面又"忧心"外部（东南亚）更低成本劳动力的市场竞争。

如何转变传统制造业的增长方式，使其高质量发展？传统制造业如何走向高端化，提升产业的价值和规模？针对这些问题，2023年1月，澎湃新闻记者专访了北京大学城市与环境学院教授王缉慈。

传统产业的发展有高端道路和低端道路之分

王缉慈提出，长期以来，传统制造业的很多部门并未受

到充分重视,有些存在"自生自灭"的现象。"各个省的情况还不太一样,像广东省就比较重视服装等传统制造产业,将其列入战略性支柱产业集群。我们应该意识到传统制造业的重要性,这类产业对解决就业、对民营企业的生存和发展来说,确实非常重要。"

传统产业的发展道路也应有所区分。王缉慈很多年前在研究中发现,传统产业的发展有高端道路(High Road)和低端道路(Low Road)之分。"同样是服装、乐器等制造业,以及从牧场开始的牛奶加工等,不同的地方、不同的企业都有不同的道路。"

她强调,每种产品的生产过程都有两种道路。发达国家仍在从事这些传统制造业,不过是走创意设计或高技术的高端道路,其生产过程是高技术的,其设计是具有创意的,比如服装业、鞋业在工艺、技术、材料等方面的高端化发展。"这么多年来,我们的传统产业一直在升级,不少企业已经在走高端化的道路。但是从比例上来说,大多企业还是在走低端道路,追求低成本、逐底竞争(Race to the Bottom)。"

附图1 温州某车间的工人在赶制鞋子
(王蕙蓉 摄)

事实上,温州鞋业所呈现出来的企业之间恶性竞争、追求低成本、知识产权保护未真正落实等现象在各地都非常普遍。"不光是鞋业、服装业，还有像眼镜、牙刷或者乐器等产业，都存在这些现象。"王缉慈表示，同质竞争现象在发展中国家中很普遍，巴西、印度及一些东南亚国家的相关研究论文都指出了这个问题。

化解逐底竞争：通过行业协会加强企业合作

解决传统制造业的同质竞争问题，不仅要企业加强合作，也要有强有力的行业协会来指导。"联合国工业发展组织也建议走高端道路，企业之间要加强合作，提高集体效率，通过成立行业协会加强合作。例如，深圳市钟表行业协会就有三十多年的办会经验，宁海县文教体育用品协会也不错，像宁海的得力集团等大量企业都在走高端路线。"王缉慈说道。

在浙江丽水的云和县，木质玩具是具有当地特色的传统制造业。王缉慈了解到，云和木玩产业集群的情况和温州一些传统制造业集群类似：企业之间恶性竞争，行业协会较弱。2023年年初，王缉慈浏览云和县玩具协会官网，发现行业概况等内容自2018年之后就没有更新过。"行业协会比较弱或者形同虚设的地方，会出现'群龙无首'导致的各类问题。这些地方还往往缺乏领导型企业，呈现出企业群体大、个体弱的现象，例如沧州肃宁县有裘皮服装加工购销企业1800余家，规上企业却寥寥无几。"

她强调：有的企业一味追求低成本，但这条路是走不通的；如果产业没有明确方向、专业镇或产业集群，没有领头羊和行业协会，没有政府、研究和设计机构等的支持，没有职业学校，没有公共服务平台，产业就会走向"自生自灭"。

王缉慈发现，在广东佛山一带，家用电器产业发展得非常快。除了各种各样的产品创新，还有数字化平台与软件服务企业涌现，诞生了一批系统集成领域的机器人企业，这些企业与高校、科研院所等组建了创新联盟。

掌握关键材料或是"高端化"的突破口之一

王缉慈曾指导过一篇关于钢琴产业升级的博士论文。"乐器有大批量机械化生产（学生练习用）与手工定制（乐师演奏用）之分。当时我们调研发现，浙江洛舍镇生产的钢琴有七八千块钱一架的，而杭州天目琴行所出售的德国钢琴几十万块钱一架。其中，钢琴关键材料像弦槌的毛毡还需进口。同时，国内生产钢琴关键部件击弦机的业界知名企业东方琴业（现更名为森鹤乐器公司）位于宁波慈溪，却未被当地所重视。"

传统制造业的高端化发展离不开新材料。"新材料产业在我国属于高技术、战略性新兴产业，但在传统产业中，民营企业所生产的服装、鞋、乐器、钓鱼竿、雨伞等消费品都需要新材料。正如钢琴关键材料毛毡的用量很小，因此新材料行业并没有关注到这一点。新材料部门和传统产业部门之间往往没有合作关系。"

再比如，鞋业离不开人体工程学，鞋底的设计需要弹性力学的知识。曾经有温岭的一位鞋业老板托王缉慈找北京大学弹性力学方面的专家，但这类科学研究一般不关注鞋业，因此鞋类企业在这方面难以得到支持。"这些很细微的问题都说明我们对一些传统产业不重视，没有技术研发机构真正深入实际去了解行业困难来进行解决。"

王缉慈曾在《创新集群三十年探索之旅》一书中提到，在调研台湾省后里乐器产业时，发现该地区产业升级的经验具有借鉴意义。后里乐器产业升级的措施包括：在台湾经济主管部门的"地方群聚产业辅导计划"下建立产业联盟，即"后里乐器家族"（Saxhome）；台湾工业技术研究院（简称"工研院"）为后里乡乐器产业提供技术支持。

具体来看，工研院机械所协助企业开发萨克斯主要材料黄铜的电解抛光技术，分析铜锌的最适比例，并研发新材料。原本，铜材、小羊皮、簧片与吹嘴等萨克斯材料要从日本等国进口。最终，机械所与材料所合作，成功研发出适合制造萨克斯管、编号6535号的黄铜。"类似这样'小兵立大功'的例子还有很多，中国台湾的自行车行业和其他一些传统行业，都是主攻其中的几个零部件或者是关键材料，帮助产业升级。"

传统制造业升级需要"种好技术树"

传统制造业涉及方方面面，例如产品标准的问题，知识产权服务的问题，以及提高劳动力素质、培养技术工人的问题等。

王缉慈表示，突破传统制造业升级难点并非一蹴而就的，"种好技术树"是关键。"从树根来看，这类产业需要有各种各样技术的合成，包括材料技术、工艺设计、创造力等，需要各方面、全方位的支持。"

在一份关于云和木玩产业的调查报告中，王缉慈了解到，该产业与几所大学有一定的关联，例如浙江工业大学帮助企业进行玩具设计。"因为目前国内的大学教育、职称评定制度等还有缺陷，产学研结合的问题尚未彻底解决，所以当地的产业升级问题可能找一些大学也无法解决。这类产业更需要的是专业性强的职业技术学校，德国、意大利在这方面的经验值得吸取。"

王缉慈认为，普通劳动者和技术工人需要得到更多的尊重。他们之中的有些人从事着不够体面的劳动，又得不到合理的收入，因此需要健全社会保障制度，这是传统产业发展中的重要问题。工匠精神和手工技能也需要长期的知识积累与沉淀，任重道远。"像贵州的蜡染、广西博白县的藤编，这些手工业也挺有前途的，需要鼓励和支持。"

最后，王缉慈提及，找到外贸订单和国内的本地需求对传统制造业相当重要。如果没有订单，没有本地需求的拉动，产业也很难发展。"我们很多的传统产业是从改革开放初期的'三来一补'形式到后来大量出口，做世界工厂发展起来的。这些年在扩大内需的过程中，很多传统产品厂家兼做电商，但品牌影响力和运营能力都不够，消费者往往不买单。现在看来，电商固然重要，但关键还是要做好细分市场的产品。"

外贸方面，不仅跨境电商能发挥作用，企业还可以"出海"抢单。一个多月来，多地政府牵头组织辖区企业"出海"抢订单。"像云和木玩企业最近就是政府组团，去香港找订单、抢订单。最近温州市商务局组织鞋企参加国际鞋展，预计鞋类订单金额可达 1.2 亿美元。"王缉慈说道。

（本文发表于 2023 年 1 月 25 日）

跋

在本书交稿之际，我要对电子工业出版社的魏子钧编辑表示感谢，他对书稿做了认真细致的修订工作。他深厚的文字功底让我受益匪浅，他的敬业精神让我深受感动。

最后，我还想就参考文献写几句话。

2021年2月下旬，澎湃新闻的田编辑为了讲明专栏风格，推荐了几篇文章给我看。我发现在"AI社会学"专栏里，沈虹的《我们到底为什么会对手机上瘾？》正文后列出了8篇参考文献。田编辑说："嗯。这个，如果您想放，也是没有问题的。因为在文末，不影响主文的阅读。"

于是，我在发表于澎湃新闻上的大多数文章的正文后都附了参考文献，包括11篇中文文献和14篇英文文献。其中，除自著以外，还有在写作过程中所阅读的新文献。这些文献的信息在发表文章的网页上都可以找到，方便读者在线检索和查阅。

我认为，参考文献对于观察和研究某事物的来龙去脉非常重要。在园区、集群、产业或区域的每一个细小领域，国内外都有很多人先后研究过，所以文献是非常丰富的。我本人也写过大量的文献综述，并分析过很多案例。如果本书的读者恰好是相关领域的研究者，并且觉得书中的各篇文章有点价值的话，可能会通过参考文献顺藤摸瓜地钻研、讨论和商榷，使这方面的研究深入下去。这也是我的愿望。

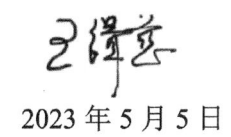

2023年5月5日